KB241915

10대를
위한
이럴 때 이런
사자성어
1

이럴 때 이런 사자성어

1

김한수 지음

"적절한 말을 찾는 것은 지혜이며, 그 말을 제대로 쓰는 것은 지성입니다."

우리가 살아가는 데 있어서 '말'은 단순한 소통 수단을 넘어, 자신의 생각을 정리하고 감정을 표현하며 세상과 관계를 맺는 중요한 도구입니다.

특히 청소년기에는 자신만의 언어를 찾고 표현을 넓혀가는 시기로, 말과 글의 힘을 기르는 일이 곧 '생각하는 힘'을 기르는 일과 맞닿아 있습니다.

이 책 『10대를 위한 이럴 때 이런 사자성어』는 그런 청소년기를 살아가는 여러분이 풍부한 어휘력과 상황에 맞는 표현력을 키울 수 있도록 돕기 위해 기획되었습니다.

수많은 말 중에서도 이 책은 오랜 역사와 지혜를 담고 있는 '사자성어(四字成語)'에 주목했습니다. 단 네 글자로 이루어진 짧은 말이지만, 그 속에는 사람의 마음과 세상의 이치를 꿰뚫는 깊은 뜻과 교훈이 담겨 있습니다.

단순한 외움이나 시험을 위한 공부가 아닌, 실제 삶에서 마주하게 되는 다양한 상황 속에서 '어떤 말을 어떻게 쓰는 것이 좋을까?'라는 질문에 대한 힌트를 주는 언어적 도구로서 사자성어를 다루고자 했습니다.

이 책은 크게 세 가지 원칙을 중심으로 구성하였습니다.

첫째, 사자성어의 정확한 뜻과 유래를 소개하여 그 말의 본래 의미와 시대적 배경을 이해할 수 있도록 했습니다.

둘째, 현대의 실제 상황 속에서 그 사자성어가 어떻게 쓰일 수 있는지에 대한 구체적인 예문을 제시하였습니다. 단지 사자성어를 아는 데 그치지 않고, 자신의 말로 자연스럽게 녹여 쓸 수 있는 표현 능력을 키우는 데 중점을 두었습니다.

셋째, 세계적인 명언이나 철학적 문장을 함께 소개하여, 그 사자성어가 담고 있는 삶의 교훈을 더 깊이 있게 이해할 수 있도록 했습니다.

동서고금의 지혜가 서로 만나고 연결되면서 언어의 감수성과 사고의 깊이가 넓어지기를 바라는 마음을 담았습니다.

이 책은 단순히 암기용 참고서가 아닙니다. 사자성어라는 언어의 보물을 통해, 여러분이 더 명확하게 생각하고, 더 세련되게 표현하며, 더 깊이 있는 대화를 나눌 수 있도록 돕기 위한 '지적 성장의 길잡이'입니다.

공부할 때, 친구와 갈등이 생겼을 때, 실망하거나 포기하고 싶을 때, 기쁨을 누리고 싶을 때, 각 상황에서 여러분이 이 책 속의 사자성어를 떠올릴 수 있다면, 그 순간 여러분은 언어의 힘을 통해 삶을 조금 더 단단하게 마주할 수 있을 것입니다.

사자성어는 과거의 말이지만, 그 뜻은 오늘을 살아가는 우리 모두에게 유용한 지침이 됩니다. 이 책이 여러분의 말과 생각, 마음을 성장시키는 데 좋은 벗이 되어주기를 바랍니다. 그리고 무엇보다, '말을 통해 더 나은 나'를 만들어가는 여정에 이 책이 함께하기를 진심으로 바랍니다.

초지일관 初志一貫

처음[初] 품은 뜻을[志] 한결같이[一] 꿰뚫음[貫]

초지일관은 '처음 세운 뜻을 끝까지 밀고 나간다'는 뜻입니다.

어떤 목표를 세웠을 때, 시간이 지나며 마음이 흔들릴 때가 많죠. 하지만 이 말을 마음에 새기면 쉽게 포기하지 않고 자신을 단단하게 잡을 수 있어요.

예를 들어, 시험을 위해 공부 계획을 세웠거나, 운동을 꾸준히 하기로 마음먹었다면 그 처음의 결심을 잊지 않고 끝까지 이어가는 것이 바로 초지일관이에요.

물론 중간에 힘들어질 수도 있어요. 그럴 때는 잠시 쉬어도 괜찮아요. 중요한 건 다시 처음의 마음을 떠올리고 다시 시작하는 용기입니다.

초지일관은 완벽함을 요구하는 말이 아니라, "나는 왜 이걸 시작했을까?"를 기억하며 나아가게 해주는 지혜랍니다.

여러분도 초지일관의 마음을 지켜가는 순간, 자신이 어느새 더 단단해지고 성장해 있음을 발견하게 될 거예요.

세상 어떤 것도 끈기를 대신할 수 없다.

재능도 아니고, 천재성도 아니며, 교육도 아니다.

오직 끈기와 결단만이 전능하다.

- 캘빈 쿨리지 (Calvin Coolidge) -

아무리 똑똑하거나 재능 있어도, 끝까지 밀고 나가는 힘이 없으면 성공할 수 없어요.

처음의 뜻을 지키는 것이 가장 큰 능력이에요.

初	志	一	貫
처음 초	뜻 지	한 일	꿸 관

이럴 때 이렇게 표현하기

→ 그 친구는 목표를 세우면 **초지일관**으로 밀고 나가는 스타일이야.

→ 공부가 힘들어도 **초지일관**의 마음으로 계속해 보려고 해.

→ **초지일관**으로 훈련한 덕분에 결국 마라톤 완주에 성공했어.

비일비재 非一非再

한 번도[一] 아니고[非] 두 번도[再] 아니다[非]

살다 보면 어떤 일이 한두 번이 아니라 자주 반복될 때가 있어요. 그럴 때 쓰는 말이 바로 '비일비재'예요. '한두 번이 아니다'라는 뜻으로, 자주 있고 흔하다는 걸 표현할 때 쓰는 사자성어랍니다.

예를 들어 친구가 숙제를 또 안 해 왔을 때, 선생님이 "이게 한두 번이냐?" 하고 말씀하시곤 하죠. 이럴 때 바로 '비일비재'라는 표현을 쓸 수 있어요.

청소년 시기에는 실수도 많고 반복되는 일들도 많지만, 그걸 그냥 넘기기보다는 '왜 반복되는지' 생각해보는 것도 중요해요.

같은 실수를 반복하지 않으려는 노력이 진짜 성장으로 이어지거든요. 그래서 비일비재한 일 속에서도 내가 어떻게 행동하느냐가 나를 더 멋진 사람으로 만들어준답니다.

비일비재, 자주 있는 일이지만, 그 안에서 배움은 매번 새롭게 시작돼요.

한 번 이상 반복된 실수는

실수가 아니라 선택이다.

- 파울로 코엘료 (Paulo Coelho)

실수가 비일비재하게 반복된다면, 그것은 더 이상 단순한 실수가 아닌

책임 있는 행동이라는 의미입니다. 반복된 실수는 결국 자신의 선택임을 자각해야 해요.

非	一	非	再
아닐 비	한 일	아닐 비	두 재

이럴 때 이렇게 표현하기

→ 그 친구의 지각은 **비일비재**해서 이제 아무도 놀라지 않아.

→ 시험 전날 밤새는 일은 내게 **비일비재**한 일이야.

→ 그 동아리는 약속 시간 안 지키는 일이 **비일비재**하대.

일맥상통 一脈相通

한[一] 맥이[脈] 서로[相] 통한다[通]

우리가 서로 다르게 생기고 다른 생각을 갖고 있어도, 말하다 보면 "어? 나도 그렇게 생각해!" 하는 순간이 있어요. 이런 마음이 통하는 경험을 한 적 있지요? 바로 이런 걸 '일맥상통'이라고 해요.

'한 줄기의 맥이 서로 통한다'는 뜻으로, 겉으로는 달라 보여도 속마음이나 본질은 서로 통해 있다는 의미예요.

예를 들어, 과학과 예술은 전혀 다른 분야처럼 보여도 둘 다 '세상을 이해하려는 노력'이라는 점에서는 일맥상통해요. 또 친구와 내가 서로 다른 취미를 갖고 있어도, 그것을 통해 마음이 치유된다는 점에서는 닮아 있어요.

이처럼 세상에는 달라 보이는 것들 사이에도 공통점이 숨어 있어요. 그걸 발견하는 사람은 더 넓은 시야를 갖게 되고, 남과의 다름 속에서도 소통할 수 있는 사람이 될 수 있답니다.

일맥상통, 그것은 다름 속의 닮음을 이해하는 마음이에요.

나는 모든 인간이 본질적으로 서로 연결되어 있으며,

우리가 겉으로는 다르게 살아가도 결국

같은 감정과 욕망을 나눈다는 사실을 믿는다.

- 칼 융 (Carl Jung)

우리는 겉모습, 말, 취미는 달라도 마음속엔 비슷한 외로움, 기쁨, 꿈이 있어요. 이런 공통점이 있다는 걸 알게 되면, 타인과도 마음이 통해요. 이게 바로 일맥상통이죠.

一	脈	相	通
한 일	맥 맥	서로 상	통할 통

이럴 때 이렇게 표현하기

→ 과학과 예술은 표현 방식은 달라도, 진리를 추구한다는 점에서 **일맥상통**한다.

→ 나의 고민과 친구의 고민은 내용은 달라도, 외롭고 힘든 마음은 **일맥상통**했다.

→ 선생님의 조언과 부모님의 말이 **일맥상통**했어.

곡학아세 曲學阿世

학문을[學] 굽히고[曲] 세상에[世] 아첨한다[阿]

곡학아세는 '학문을 왜곡하여 세상에 아부한다'는 뜻이에요. 즉, 자신의 지식이나 배운 것을 진실이 아닌 방향으로 이용해서, 남에게 잘 보이려 하는 태도를 말해요.

공부는 진실을 밝히고 더 나은 세상을 만들기 위해 하는 거예요.

그런데 누군가가 자기 이익이나 인기를 위해 일부러 사실을 비틀어 말한다면, 그건 공부의 본뜻을 잃어버린 것이죠.

예를 들어, 어떤 친구가 모두를 위해 해야 할 발표를 자신의 생각에 맞게 왜곡해서 발표한다면, 그것도 곡학아세의 예가 될 수 있어요.

청소년 시기에는 배운 것을 어떻게 써야 하는지 고민할 때가 많아요. 이럴 때 정직함과 진실성을 잊지 않는 것이 중요하답니다.

남에게 잘 보이는 것도 좋지만, 그것이 진실을 버리는 일이 되어선 안 돼요.

진짜 멋진 사람은 지식을 가진 사람이 아니라, 그 지식을 바르게 쓰는 사람이에요. 나의 말과 행동이 진실에 가까운지, 스스로 돌아보는 용기가 필요하답니다.

학문은 세상을 바꾸기 위한 도구이지,

권력자에게 잘 보이기 위한 장식품이 아니다.

- 존 록 (John Locke)

배운 것은 멋을 부리기 위한 것이 아니라, 사람들을 돕고 더 나은 세상을 만드는 데 써야 한다는 뜻이에요. 아첨하려고 학문을 왜곡하면 안 돼요.

曲	學	阿	世
굽을 곡	배울 학	언덕 아	인간 세

이럴 때 이렇게 표현하기

→ 그는 진실을 알면서도 윗사람 눈치를 보며 **곡학아세**했다.

→ 시험을 잘 봤지만, 친구들 앞에서는 일부러 모른 척하는 건 **곡학아세**와 비슷해.

→ 배운 것을 이용해 거짓을 말하는 건 **곡학아세**에 해당돼.

자초지종 自初至終

처음부터[初][自]끝까지[終][至]

우리가 친구에게 얘기할 때, 혹은 어떤 일에 대해 설명할 때 "왜 그런 거야?"라는 질문을 종종 듣습니다. 그럴 때 "자초지종을 말해줄게"라는 표현을 쓰곤 하죠.

즉, 자초지종은 처음부터 끝까지 어떻게 흘러갔는지를 말하는 사자성어예요.

예를 들어 친구와 오해가 생겼을 때, 한쪽 말만 듣고 판단하면 쉽게 다투게 되죠.

하지만 자초지종을 차분히 들어본다면, 오해도 풀 수 있고 서로의 입장을 더 잘 이해할 수 있어요.

또한 우리는 스스로의 삶에서도 자초지종을 돌아볼 필요가 있어요.

어떤 실수나 결과에 너무 얽매이지 말고, 그 일이 어떻게 시작되고 어떻게 흘러왔는지를 성찰한다면, 훨씬 더 깊이 있는 배움을 얻을 수 있어요.

그러니 어떤 일을 돌아볼 때, 자초지종을 차분히 들여다보는 습관을 가져보세요. 진실은 늘, 처음부터 끝까지 안다는 데서 시작되니까요.

서둘러 판단하지 말고, 모든 사실을 차분히 살펴라.

진실은 늘 이야기의 끝에 있다.

– 마하트마 간디 (Mahatma Gandhi)

배운 것은 멋을 부리기 위한 것이 아니라, 사람들을 돕고 더 나은 세상을 만드는 데 써야 한다는 뜻이에요. 아첨하려고 학문을 왜곡하면 안 돼요.

自	初	至	終
스스로 자	처음 초	이를 지	끝날 종

이럴 때 이렇게 표현하기

→ **자초지종**을 듣고 나서 오해가 풀렸다.

→ 그는 **자초지종**을 설명하며 사과했다.

→ **자초지종**을 모르고 판단하면 안 돼.

일파만파 一波萬波

한[一] 물결이[波] 만[萬] 물결을[波] 만든다

일파만파란 말은 '하나의 물결이 만 개의 물결로 퍼진다'는 뜻이에요.

다시 말해, 아주 작은 일이 시작이 되어 점점 더 커지고, 널리 퍼지는 상황을 표현할 때 쓰는 말이랍니다. 마치 조용한 호수에 돌 하나를 던졌을 뿐인데, 그 파문이 점점 퍼져나가는 것처럼 말이에요.

우리가 하는 말 한마디, 행동 하나도 생각보다 훨씬 큰 영향을 줄 수 있어요.

친구에게 던진 무심한 한마디가 큰 오해로 이어질 수도 있고, 작은 친절 하나가 모두의 마음을 따뜻하게 만들 수도 있어요.

특히 SNS가 발달한 요즘은 말 한마디, 사진 한 장이 일파만파로 퍼져나가 수많은 사람에게 영향을 줄 수 있답니다.

그래서 우리는 말과 행동에 조금 더 신중할 필요가 있어요. 내가 만든 파문이 누군가에게 상처가 될 수도 있고, 반대로 큰 위로가 될 수도 있으니까요.

누군가를 위한 아주 작은 배려의 행동도

물 위에 떨어진 한 방울의 물처럼,

연못 전체에 물결을 일으킨다.

- 제시카 화이트 (Jessica White)

작은 배려라도 그것이 누군가에게는 큰 감동이 되어 퍼져나갈 수 있어요. 내가 베푼 따뜻함이 또 다른 선한 행동으로 이어지는 힘이 있답니다.

一	波	萬	波
한일	물결파	일만만	물결파

이럴 때 이렇게 표현하기

→ 그의 거짓말은 **일파만파**로 번져 친구들 사이를 갈라놓았어요.

→ 작은 친절이 **일파만파** 퍼져 반 전체가 밝아졌어요.

→ 그 영상 하나가 **일파만파** 퍼져서 큰 사회적 논란이 되었어요.

살신성인 殺身成仁

몸을[身] 죽여서[殺] 인[仁]을 이룬다[成]

우리는 살아가면서 옳은 일과 내 이익 사이에서 갈등할 때가 있습니다. 이럴 때 떠올릴 수 있는 말이 바로 '살신성인'이에요.

이 말은 '자신의 몸을 희생해서 어진 뜻을 이룬다'는 뜻이랍니다. 쉽게 말하면, 자신의 안위나 이익보다 더 큰 정의와 도리를 위해 행동하는 것을 말하지요.

옛날에는 나라와 백성을 위해 목숨을 바친 의병이나, 진실을 지키기 위해 불이익을 감수한 선비들이 이런 마음을 보여주었어요.

하지만 요즘의 살신성인은 꼭 그런 극적인 모습만을 의미하지는 않아요.

예를 들어, 친구가 부당하게 혼나고 있을 때 용기 내어 진실을 말하거나, 다수가 외면하는 문제에 관심을 갖고 행동하는 것도 살신성인의 모습이라고 할 수 있답니다.

청소년 시기에는 작은 선택 하나에도 큰 의미가 담길 수 있어요. 정의로운 행동은 때로는 불편하고 어렵지만, 결국 누군가에게 힘이 되고 세상을 더 따뜻하게 만든답니다.

의로움이 있는 곳이라면,

설령 그 길이 외롭다 해도 기꺼이 걸어가겠다.

– 공자(孔子), 『논어(論語)』

공자는 '인의예지'를 강조한 사람으로 유명해요. 이 말은 자기 이익보다 정의와 의로움을 따르겠다는 다짐이 담긴 말이에요. 살신성인의 핵심 정신과 잘 어울리는 말입니다.

殺	身	成	仁
죽일 살	몸 신	이룰 성	어질 인

이럴 때 이렇게 표현하기

→ 정의로운 선택을 한 그녀의 행동은 **살신성인**의 자세라고 할 수 있어요.

→ 모두가 침묵할 때, 그는 용기를 내어 **살신성인**의 정신을 보여줬어요.

→ 그는 친구를 위해 불리한 상황에서도 진실을 말했어요. 정말 **살신성인**이었죠.

하석상대 下石上臺

아래에[下] 돌을[石] 놓고 위에[上] 대[臺]를 쌓는다

하석상대는 '아래에 돌을 놓고 그 위에 돌을 얹어 대를 만든다'는 뜻입니다. 쉽게 말하면, 기초가 약하거나 불안한 데 위에 무언가를 쌓는 상황을 말해요.

즉, 튼튼하지 않은 기반 위에 무리하게 무언가를 세우려 할 때 사용하는 표현입니다.

이 말은 우리 삶에서도 생각해볼 수 있습니다. 예를 들어, 공부나 운동에서 기초를 충분히 다지지 않고 무리하게 어려운 것을 하려고 하면 잘 되지 않거나 더 힘들어질 수 있어요.

또 친구 관계나 어떤 계획을 세울 때도 기본이 튼튼하지 않으면 금방 무너지기 쉽답니다.

청소년 여러분도 무엇을 하든 기초를 소홀히 하지 말아야 해요. 겉으로 멋져 보이는 것보다 속을 단단히 다지는 게 더 중요하답니다.

우리 삶의 작은 시작부터 차근차근 쌓아 올리는 습관을 가지면, 앞으로 어떤 일도 흔들림 없이 해낼 수 있을 것입니다.

오늘부터라도 기초를 탄탄히 하는 노력을 해보길 바랍니다.

당장은 속일 수 있어도,

영원히 속일 수 있는 진실은 없다.

– 아브라함 링컨 (Abraham Lincoln)

이 말은, 거짓이나 임시방편은 언젠가 들통 나게 되어 있다는 뜻이에요. 당장 편하자고 진실을 덮거나 문제를 피하면, 결국 더 큰 문제로 돌아온다는 걸 경고하는 말이죠.

下	石	上	臺
아래 하	돌 석	위 상	대 대

이럴 때 이렇게 표현하기

→ 그는 숙제를 대충 베껴내며 **하석상대**식으로 넘겼어요.

→ 문제가 생겼는데도 임시로 덮기만 하니 **하석상대**였죠.

→ 겉은 멀쩡해 보여도 안이 비어 있는 **하석상대** 같은 준비였어요.

무미건조 無味乾燥

맛이[味] 없고[無] 건조하다[乾][燥]

무미건조는 말 그대로 '맛이 없고 메마르다'는 뜻이에요. 음식에 비유하자면, 아무런 양념도 없는 밥처럼 느껴지겠죠. 그런데 이 말은 사람의 말이나 태도, 삶의 모습이 감정 없이 건조할 때 자주 사용돼요.

우리가 누군가의 말을 들을 때, 그 말이 아무런 감정도 없이 딱딱하게 들리면 마음이 닫히기도 해요.

예를 들어, 친구가 기계처럼 "미안"이라고 말하면 진심이 느껴지지 않아 서운할 수 있어요. 이럴 때 "그 말은 너무 무미건조 했어"라고 표현할 수 있답니다.

또한 하루하루가 똑같고 아무 재미없이 흘러가는 느낌이 들 때도 이 말을 쓸 수 있어요. 학교, 학원, 숙제만 반복되다 보면 "내 삶이 너무 무미건조한 것 같아"라고 말할 수 있어요.

우리는 작은 감정과 따뜻한 말 한마디, 그리고 소소한 재미를 일상에 담는 연습이 필요해요.

무미건조한 말보다는 마음을 담은 말, 무미건조한 하루보다는 의미를 찾는 하루를 만들어 가면 좋겠어요.

어떤 일을 하든 감정이 없다면,

그것은 단순한 기계적 작업에 불과하다.

감동을 불어넣는 것은 우리의 마음과 마음이 연결될 때 가능하다.

- 존 러스킨 (John Ruskin)

감정 없이 기계처럼 일을 하면 삶이 무미건조하고 빈약해질 수 있다는 말이에요. 우리 삶에 감동을 더하려면 마음을 담고 감정을 담아야 해요.

無	味	乾	燥
없을 무	맛 미	마를 건	마를 조

이럴 때 이렇게 표현하기

→ 오늘은 너무 **무미건조**한 하루였어.

→ 그의 대답은 **무미건조**해서 감동이 없었어.

→ 수업이 너무 **무미건조**해서 집중하기 힘들었어.

유명무실 有名無實

이름만[名] 있고[有] 실속은[實] 없음[無]

유명무실은 '이름만 유명하고, 그에 걸맞은 실속이나 실질적인 내용이 없다'는 뜻이에요. 즉, 사람은 유명하지만 그 사람이 하는 일이나 말이 실제로는 그만큼 중요한 것이 없는 경우를 말해요.

어떤 사람의 말이나 행동이 실제로 어떤 실질적인 변화를 일으키지 못한다면, 그것은 바로 '유명무실'한 상태인 거예요.

예를 들어, 유명한 정치인이 여러 가지 좋은 말을 하거나 많은 사람들 앞에서 연설을 하지만, 실제로 그 연설이 사람들의 삶에 변화를 주지 못한다면, 그 말은 유명무실한 것이죠.

우리는 이름뿐만 아니라 실속을 갖춘 사람이 되어야 해요.

나의 말이나 행동이 실제로 의미 있고, 다른 사람들에게 진정한 영향을 미칠 수 있을 때, 진정한 가치가 생기기 때문이에요.

유명무실은 그 자체로 비유가 될 수 있겠지만, 진정한 영향력은 실속이 있는 말과 행동에서 나온다는 걸 잊지 않으면 좋겠어요.

표면적으로 화려한 것들이 때때로 가장 공허하고,

깊이가 있는 것들은 눈에 잘 보이지 않는다.

- 마르쿠스 아우렐리우스 (Marcus Aurelius)

겉모습이 화려한 것들은 실속이 없을 수 있어요. 진짜 중요한 것들은 눈에 잘 보이지 않지만 더 가치가 있음을 알아야 해요.

有	名	無	實
있을 유	이름 명	없을 무	열매 실

이럴 때 이렇게 표현하기

→ 그 스타는 이제 **유명무실**해져서 예전만큼 주목받지 못해요.

→ 그 회사는 **유명무실**한 브랜드로, 실제로는 아무도 사용하지 않아요.

→ 그 사람은 큰 회사의 대표지만, 그 자리도 **유명무실**하게 되어버렸어요.

표리부동 表裏不同

겉과[表] 속이[裏] 같지[同] 않음[不]

11

표리부동은 '겉으로 드러나는 모습과 속마음이 서로 다르다'는 뜻입니다.

즉, 밖에서는 착한 척하거나 좋은 모습을 보이지만, 속마음은 그렇지 않은 경우를 말합니다. 쉽게 말해 '겉과 속이 다르다'고 이해하면 됩니다.

우리 주변에는 이런 사람들이 종종 있기도 합니다.

예를 들어, 친구 앞에서는 친절한 척하지만 뒤에서는 험담을 하거나, 선생님 앞에서는 착한 학생인 것처럼 행동하지만 다른 곳에서는 그렇지 않은 경우가 이에 해당합니다. 이런 태도는 사람들 사이에 신뢰를 깨뜨리게 되니 좋지 않은 행동입니다.

청소년 시기에는 특히 진실하고 솔직한 마음가짐이 중요하답니다. 나 자신에게도, 친구에게도 정직한 태도를 가지면 사람들과 더 깊은 신뢰를 쌓을 수 있습니다.

앞으로 어떤 상황에서도 겉과 속이 같도록 노력하며, 진실한 사람이 되기를 바랍니다. 그러면 진짜 친구와 믿음을 쌓아가는 멋진 사람이 될 수 있을 것입니다.

사람이 겉으로는 친절하게 굴어도

그 마음속에서는 냉담할 수 있다.

진정성은 외면에 숨겨진다.

- 헨리 워드 비처 (Henry Ward Beecher)

겉모습은 친절해 보여도 마음은 다를 수 있어요.

그래서 진짜 마음이 담긴 태도가 더 중요하다는 걸 알려주는 말이에요.

表	裏	不	同
겉 표	속 리	아닐 부	한가지 동

이럴 때 이렇게 표현하기

→ 말과 행동이 다른 건 **표리부동**이야.

→ 겉으로는 친한 척하지만 사실은 **표리부동**해.

→ 친절해 보이지만 속은 달라, 완전 **표리부동**이지.

일취월장 日就月將

날마다[日] 발전하고[就] 달마다[月] 성장한다[將]

우리의 실력이나 인격은 하루아침에 완성되는 게 아니에요. 오늘 조금 배우고, 내일 또 한 걸음 나아가고, 그렇게 차곡차곡 쌓여서 커다란 변화를 만들어내죠. 이런 과정을 잘 표현하는 말이 바로 '일취월장'이에요. '날마다 자라고, 달마다 나아진다'는 뜻으로, 조금씩이라도 매일 발전해 가는 걸 의미해요.

예를 들어, 매일 영어 단어를 5개씩 외우면, 한 달이면 150개가 넘는 단어를 알게 되는 거예요. 처음엔 느려 보이지만, 시간이 지나면 그 꾸준함이 큰 실력을 만들어줘요.

공부뿐 아니라 운동, 악기, 글쓰기, 심지어 성격까지도 마찬가지예요. 매일 나를 다듬고 연습하면 분명 더 나아진 모습을 보게 된답니다.

중요한 건, 남과 비교하지 말고, 어제보다 나아진 '나 자신'을 믿는 것이에요. 실수가 있더라도 포기하지 않고 다시 해보는 용기, 그것이 일취월장의 힘이에요.

하루 한 걸음, 한 달 열 걸음. 지금부터 여러분의 작지만 꾸준한 발걸음이 결국 멋진 성장을 이뤄낼 거예요.

천재는 노력하는 사람을 이길 수 없고,

노력하는 사람은 즐기는 사람을 이길 수 없다.

- 공자 (孔子)

재능보다 중요한 건 꾸준한 노력이에요.

노력을 즐기는 마음까지 갖춘다면 훨씬 더 멀리 갈 수 있어요.

日	就	月	將
날 일	이룰 취	달 월	장차 장

이럴 때 이렇게 표현하기

→ 매일 조금씩 연습했더니, 내 글쓰기 실력이 **일취월장**했어요.

→ 처음엔 어렵던 수학이, 꾸준히 공부하니까 **일취월장**하더라고요.

→ 친구는 하루도 빠지지 않고 연습해서 실력이 **일취월장**이에요.

평지풍파 平地風波

평평한[平] 땅에[地] 세찬 바람과[風] 거센 물결[波]

13

우리는 친구들과 지낼 때, 별일 없이 평화롭게 지내고 싶을 때가 많아요. 그런데 아무 일도 없던 상황에서 갑자기 싸움이 일어나거나, 분위기가 나빠지는 경험을 한 적 있지 않나요?

이런 걸 바로 '평지풍파(平地風波)'라고 해요. 평평한 땅에서 갑자기 바람과 파도가 일어난다는 뜻으로, 아무 일 없던 곳에서 갑자기 문제나 갈등이 생기는 상황을 말해요.

예를 들어, 다 같이 잘 지내던 반 친구들 사이에서 오해가 생겨 갑자기 분위기가 싸해졌다면, 그것도 평지풍파라고 할 수 있어요. 또는, 가족끼리 아무 문제없이 잘 지내다가 작은 말실수로 큰 다툼이 생겼을 때도 이런 표현을 쓸 수 있죠.

청소년인 우리에게는 작은 갈등도 크게 느껴질 수 있어요.

그래서 평지풍파가 생기지 않도록 서로의 말을 잘 들어주고, 오해는 빨리 푸는 연습이 필요해요. 문제를 키우지 않고, 마음을 나누는 것이 더 멋진 관계를 만드는 길이랍니다.

평화란 단지 전쟁이 없는 상태가 아니라,

이해와 존중이 숨 쉬는 조용한 공간이다.

– 알베르트 아인슈타인 (Albert Einstein)

겉으로 조용해 보여도, 그 안에 갈등이 잠재돼 있을 수 있어요.

진짜 평화를 위해선 마음속의 배려와 소통이 필요해요.

平	地	風	波
평평할 평	땅 지	바람 풍	물결 파

이럴 때 이렇게 표현하기

→ 그의 작은 실수로 **평지풍**파가 일어났어요.

→ 그녀의 한 마디가 **평지풍파**를 일으켰어요.

→ 평화로운 날에 갑자기 **평지풍파**가 생겼어요.

양두구육 羊頭狗肉

양의[羊] 머리와[頭] 개고기[狗][肉]

14

양두구육이라는 말, 조금 낯설게 느껴지죠? 한자로는 '양 머리를 내걸고 개고기를 판다'는 뜻이에요. 겉으로는 좋은 걸 내세우지만, 실제로는 전혀 그렇지 않은, 속과 겉이 다른 행동을 말할 때 사용하는 표현이에요.

예를 들어, 겉으로는 친구에게 잘해주는 척하지만 뒤에서는 나쁘게 말하거나, "정직이 중요해요!"라고 말하면서 정작 거짓말을 한다면, 그건 바로 양두구육이 될 수 있어요.

말과 행동이 다르다는 건 신뢰를 잃는 일이에요. 누군가를 속이려는 마음이 들어가면, 결국 그 마음은 언젠가 드러나기 마련이거든요.

요즘은 SNS에서도 이런 모습이 종종 보여요. 아주 멋져 보이는 모습만 올리지만, 실제 삶은 그렇지 않은 경우도 있죠.

보여주기 위한 삶보다는 진짜 나다운 모습이 더 중요해요. 중요한 건 말과 행동이 일치하는 삶을 살아가는 거예요. 겉으로만 좋은 사람처럼 보이는 것보다, 마음도 행동도 진짜 따뜻한 사람이 되는 게 훨씬 더 멋지답니다.

거짓 예언자들을 조심하라.

그들은 양의 옷을 입고 너희에게 나오지만,

속은 사나운 이리다.

- 《성경》 마태복음 7장 15절

겉모습은 친절하고 순해 보여도, 실제로는 위험한 마음을 품고 있을 수 있다는 말이에요.
겉만 보고 판단하지 말라는 가르침이에요.

羊	頭	狗	肉
양 양	머리 두	개 구	고기 육

이럴 때 이렇게 표현하기

→ 그 사람은 겉으로는 친절한 척하지만, 실제로는 **양두구육** 같은 행동을 해요.

→ 너무 화려한 광고에 속아보면, 실제 내용은 **양두구육**일 때가 많아요.

→ 그 회사를 선택했지만, 실제로 제공하는 서비스는 **양두구육**이었어요.

동상이몽 同床異夢

같은[同] 평상에[床] 다른[異] 꿈을[夢] 꾸다

15

'동상이몽(同床異夢)'은 한 자리에 함께 있지만, 각자 다른 생각을 하고 있다는 의미예요. 문자 그대로는 '같은 침대에서 자지만, 꿈은 다르다'라는 뜻이에요.

이 말은 겉으로는 함께하는 듯하지만, 마음속으로는 각기 다른 목표나 바람을 가지고 있을 때 사용해요.

예를 들어, 친구들끼리 같이 공부한다고 모였지만, 한 사람은 진짜 열심히 하려고 하고 다른 한 사람은 그냥 시간을 때우려 할 때, 이 상황을 '동상이몽'이라고 할 수 있어요. 또, 팀 프로젝트를 할 때 모두가 같은 목표를 향해 가는 것처럼 보여도, 속으로는 각자 다른 생각을 하고 있다면 이것도 동상이몽에 해당해요.

우리는 모두 각기 다른 배경과 생각을 가지고 있어요. 그래서 함께 할 때는 서로의 의견을 잘 나누고, 모두 같은 방향으로 가려는 노력이 필요해요.

동상이몽은 우리가 서로 다를 수 있다는 것을 인식하고, 그 차이를 이해하고 존중할 필요가 있다는 교훈을 주는 표현이에요.

모든 사람의 생각은 다르고,

그 차이에서 배울 수 있는 것이 많다.

그러나 결국 우리는 하나의 길을 걸어야 한다.

– 헬렌 켈러 (Helen Keller)

이 말은 각자의 생각이나 꿈이 다를 수 있다는 점을 인정하면서도,

궁극적으로 함께 가야 할 길을 찾는 것이 중요하다는 의미를 담고 있어요.

同	床	異	夢
한가지 동	평상 상	다를 이(리)	꿈 몽

이럴 때 이렇게 표현하기

→ 같은 팀인데 서로 다른 방향을 향해 가는 것 같아서 **동상이몽**이었어요.

→ 같은 목표를 말하면서도 방법은 달라서 **동상이몽** 같았어요.

→ 모두가 같은 자리에 앉았지만, 생각은 전혀 달라 **동상이몽**이었죠.

청산유수 靑山流水

푸른[靑] 산과[山] 흐르는[流] 물[水]

16

청산유수(靑山流水)는 '푸른 산과 흐르는 물'이라는 뜻을 가지고 있어요. 이 표현은 주로 말을 할 때 아주 자연스럽고 흡입력 있게 잘 풀어내는 경우에 사용돼요.

어떤 사람은 말을 할 때, 마치 물이 흐르는 것처럼 쉬운 말투로, 그리고 논리적으로 잘 설명할 수 있어요. 그런 사람은 청산유수처럼 부드럽고 자연스러운 대화를 이끌어가죠.

이 말은 특히 사람들 앞에서 발표를 하거나, 다른 사람에게 설명할 때 유용해요. 예를 들어, 발표할 때 내용이 잘 정리되어 있고, 설명이 매끄럽게 이어지면 "너무 청산유수 같아요"라고 표현할 수 있죠.

이렇게 자연스럽고 논리적인 설명은 듣는 사람에게 큰 인상을 남기기 때문이에요.

청산유수처럼 말을 잘 하려면 많이 읽고, 생각을 잘 정리하는 습관이 중요해요. 그래서 자기 생각을 명확하게 정리하고, 그것을 차분히 표현하는 연습을 해야 해요. 그러면 나중에 대화나 발표에서 자연스럽게 말이 잘 이어질 수 있어요.

말이란, 마음이 흐르는 강물과 같아서,

그 흐름이 부드럽고 자연스러울 때 가장 아름다움을 발한다.

- 알프레드 테니슨 (Alfred Tennyson)

이 말은 자연스럽고 부드러운 말이 진심을 잘 전달한다는 의미예요.

말을 할 때 꾸밈없이 진심을 담아 자연스럽게 표현하는 것이 중요하다는 거예요.

靑	山	流	水
푸를 청	뫼 산	흐를 류(유)	물 수

이럴 때 이렇게 표현하기

→ 발표를 얼마나 잘하던지, 말이 **청산유수**였어요.

→ 선생님의 설명은 **청산유수**처럼 술술 들렸어요.

→ 친구는 토론에서 **청산유수**처럼 말했어요.

사분오열 四分五裂

네[四] 갈래로 나뉘고[分] 다섯[五] 갈래로 찢어진다[裂]

사분오열이라는 말은 '무언가가 네 쪽, 다섯 쪽으로 갈라졌다'는 뜻이에요. 쉽게 말해 하나였던 것이 여러 조각으로 갈라져 버렸다는 거예요.

이 말은 사람들 사이의 마음이나 집단이 분열되어 혼란스러운 상황에 자주 쓰여요.

예를 들어, 친구들끼리 함께하던 활동에서 의견이 달라 서로 갈라서게 되는 상황이 있어요. 처음에는 함께 웃고 힘을 모았지만, 작은 다툼이 쌓이면서 서로 등을 돌리고 말죠.

그럴 땐, "우리 모임이 사분오열되었어"라고 표현할 수 있어요.

사분오열은 단지 갈라진 상태를 말하는 게 아니라, 그로 인해 힘이 약해지고 모두가 손해를 본다는 경고이기도 해요. 그래서 우리는 다르더라도 마음을 나누고, 갈등이 생기면 대화로 풀려는 노력이 필요해요.

하나로 뭉친 마음은 어려움도 이겨내지만, 흩어진 마음은 작은 일에도 흔들리기 쉬워요.

함께하는 힘의 소중함을 기억하는 것이 사분오열을 피하는 첫걸음이에요.

하나의 손가락으론 아무것도 할 수 없지만,

다섯 손가락이 모이면 주먹이 된다.

- 마오쩌둥 (毛澤東)

개인이 아닌 단체의 단결이 얼마나 강력한지를 비유로 설명한 말이에요.

흩어지면 약해지고, 뭉치면 힘이 생긴다는 교훈이에요.

四	分	五	裂
넉 사	나눌 분	다섯 오	찢을 열(렬)

이럴 때 이렇게 표현하기

→ 그 동아리는 작은 오해 하나로 **사분오열**되고 말았어요.

→ 서로 자기주장만 하다 보니, 팀 분위기가 점점 **사분오열**되어 갔어요.

→ 하나였던 가족이 유산 문제로 **사분오열**된 게 안타까웠어요.

동분서주 東奔西走

동쪽으로[東] 달리고[奔] 서쪽으로[西] 달리다[走]

요즘처럼 할 일이 많을 때, 우리는 정말 정신없이 움직이게 돼요. 아침부터 등교 준비로 바쁘고, 수업 듣고, 동아리 활동하고, 집에 와서도 숙제에 학원까지….

이렇게 이리저리 뛰어다니는 모습을 가리켜 '동분서주'라고 해요. 동쪽으로 뛰고 서쪽으로 달린다는 뜻으로, 아주 바쁘게 이곳저곳을 돌아다닌다는 의미예요.

청소년 시기는 해야 할 일도 많고, 하고 싶은 일도 참 많죠. 하지만 너무 바쁘기만 하면 마음도 지치기 쉬워요. 그래서 아무리 동분서주하더라도 가끔은 멈춰 서서 숨을 고르는 시간이 필요하답니다. '왜 이렇게 바쁘게 움직이고 있지?' 하고 스스로에게 물어보는 여유도 필요해요.

동분서주는 때로는 열정의 표현이지만, 때로는 방향을 잃은 바쁨일 수도 있어요.

열심히 살아가는 건 멋진 일이지만, 나 자신을 돌아보는 시간도 꼭 챙겨야 한다는 걸 잊지 마세요. 오늘도 바쁘게 하루를 보낸 여러분, 수고 많았어요!

나는 하루 종일 바쁘게 움직이지만,

진짜 중요한 일은 하나도 하지 않았다.

- 헨리 데이비드 소로 (Henry David Thoreau)

우리도 때때로 이런 기분을 느껴요. 무언가를 하고 있긴 한데, 정말 의미 있는 건

빠뜨리고 있다는 생각이 들 때죠. 효율적인 시간 관리가 필요하다는 걸 알려주는 말이에요.

東	奔	西	走
동녘 동	달달 분	서녘 서	달릴 주

이럴 때 이렇게 표현하기

→ 그는 취업 준비로 하루 종일 **동분서주**하고 있어요.

→ 행사를 준비하느라 모두가 **동분서주** 바빴어요.

→ 엄마는 가족을 위해 **동분서주**하며 하루를 보내셨어요.

종횡무진 縱橫無盡

세로와[縱] 가로로[橫] 끝이[盡] 없다[無]

19

여러분, 마음껏 하고 싶은 일을 하며 자유롭게 뛰어다닌 적 있나요? 그럴 때는 시간 가는 줄도 모르고 에너지가 넘치지요.

이런 상태를 표현하는 사자성어가 바로 '종횡무진'이에요. 즉, '세로로도, 가로로도 막힘없이 다닌다'는 뜻으로, 어떤 공간이나 분야에서 거침없이 활약하는 모습을 나타낸답니다.

이 말은 단지 공간적으로 이리저리 다닌다는 뜻만은 아니에요.

예를 들어, 학교에서 발표도 잘하고, 동아리 활동도 열심히 하고, 운동도 잘하는 친구를 보면 "정말 종횡무진 활약하네!"라고 말할 수 있어요.

또는 자신 있는 분야에서 실력을 마음껏 펼치며 활약하는 모습에도 어울리는 말이에요.

여러분도 자신의 꿈과 관심 있는 분야에서 종횡무진하며 멋지게 활약할 수 있어요.

처음엔 작고 조심스러운 한 걸음일 수 있지만, 자신감을 가지고 도전하다 보면 어느새 더 넓은 세상에서 자유롭게 움직이게 된답니다. 자신의 가능성을 믿고 마음껏 펼쳐보세요!

당신의 꿈을 향해 자신감 있게 나아가세요.

당신이 상상한 삶을 사세요.

– 헨리 데이비드 소로 (Henry David Thoreau)

두려움 없이 꿈을 향해 나아가는 자세는 종횡무진의 정신과 닮아 있어요.

내가 원하는 길에서 마음껏 활약한다는 의미지요.

縱	橫	無	盡
늘어질 종	가로 횡	없을 무	다할 진

이럴 때 이렇게 표현하기

→ 그는 방과 후 **종횡무진** 활동하며 학교생활을 즐겼어요.

→ 나는 이번 방학 동안 **종횡무진** 공부하면서 다양한 경험을 했어요.

→ 우리 친구들은 대회 준비를 위해 **종횡무진** 뛰어다녔어요.

조삼모사 朝三暮四

아침에[朝] 세 개[三], 저녁에[暮] 네 개[四]

'조삼모사(朝三暮四)'는 "아침에는 세 개, 저녁에는 네 개"라는 뜻으로, 겉으로는 달라 보이는 결과나 상황이 실제로는 크게 다르지 않다는 의미예요.

이 표현은 어떤 일이 겉으로는 다른 방식으로 나타나지만, 본질적으로는 큰 차이가 없음을 나타내요.

예를 들어, 학교에서 친구가 새로운 규칙을 만들었어요. 처음에는 "이렇게 하면 더 좋을 거야"라고 말했지만, 실제로는 그 규칙이 이전과 별 차이가 없는 거예요.

조삼모사는 우리가 누군가에게 속지 않도록 경계할 때 사용돼요. 일상에서 말도 안 되는 약속이나 변화가 있을 때, "혹시 이건 조삼모사 아닐까?"라며 의심을 가져야 할 때가 있어요.

결국, 중요한 건 말이나 행동의 외형에만 신경 쓰지 않고, 그 안에 숨겨진 의미를 파악하는 것이에요. 우리가 진정으로 바라는 것이 무엇인지 알고, 속임수에 넘어가지 않도록 해야 해요.

겉모습만으로 사람을 판단해서는 안 된다.

그 속에 담긴 진실을 보려는 노력이 필요하다.

- 레오 톨스토이 (Leo Tolstoy)

이 명언은 사람을 겉모습만으로 판단하지 말고, 그 사람의 진심과 내면을
이해하려는 노력이 필요하다는 교훈을 담고 있어요.

朝	三	暮	四
아침 조	석 삼	저물 모	넉 사

이럴 때 이렇게 표현하기

→ 선생님이 **조삼모사**처럼 규칙을 바꿔서 친구들이 혼란스러워했어요.

→ 그 친구는 약속을 **조삼모사**처럼 자꾸 바꾸어서 믿을 수 없었어요.

→ 그는 말은 다르게 했지만, 결국 원하는 대로 되지 않아서 **조삼모사** 같았어요.

구밀복검 口蜜腹劍

입에는[口] 꿀이[蜜], 배에는[腹] 칼이[劍] 있음

누군가 나에게 다정하게 말하면서 칭찬을 아끼지 않는다면 기분이 참 좋아지지요.

그런데 그 사람이 뒤에서는 나를 험담하고, 해를 끼치려고 한다면 어떨까요? 그럴 때 쓰는 사자성어가 바로 '구밀복검'이에요.

입에는 꿀이 들어있지만, 배 속에는 칼을 숨기고 있다는 뜻이지요. 겉으로는 친절하게 말하면서 속으로는 해를 끼칠 생각을 하는 사람을 가리킬 때 쓰는 말이에요.

예를 들어, 친구에게는 웃으며 다가오지만 뒤에서는 몰래 따돌림을 주도하거나, 겉으로는 도와주는 척하면서 은근히 경쟁자를 방해하는 행동이 이에 해당하지요.

이런 사람은 처음엔 믿음을 주지만 결국 신뢰를 잃게 돼요.

우리 모두는 겉과 속이 다르지 않도록 노력해야 해요. 진심 어린 말과 행동이야말로 사람 사이의 관계를 건강하게 지켜주는 힘이랍니다.

언제나 겉으로 보여주는 것보다

더 중요한 것은 그 사람의 마음이다.

- 헨리 워드 비처 (Henry Ward Beecher)

이 명언은 사람을 겉모습만으로 판단하지 말고,

그 사람의 진심과 내면을 이해하려는 노력이 필요하다는 교훈을 담고 있어요.

口	蜜	腹	劍
입 구	꿀 밀	배 복	칼 검

이럴 때 이렇게 표현하기

→ 그의 겉모습은 친절했지만, 속으로는 **구밀복검**이었다.

→ 그녀는 항상 달콤한 말을 하지만, 실제로는 **구밀복검**이었다.

→ 그는 나에게 칭찬을 아끼지 않지만, 속으로는 **구밀복검**이다.

면종복배 面從腹背

얼굴은[面] 따르지만[從], 배는[腹] 등진다[背]

면종복배는 '겉으로는 순응하는 척하지만, 속으로는 반대하는 이중적인 태도'를 의미하는 사자성어예요.

이 말은 '겉은 따르지만, 속은 거스른다'는 뜻으로, 사람이 실제로는 그 사람의 마음속에 숨겨진 다른 의도를 가지고 행동할 때 사용돼요.

즉, 표면적으로는 좋은 관계를 유지하는 척하지만 속으로는 반대하거나 그 사람을 속이려는 행동을 가리키죠.

예를 들어, 어떤 친구가 겉으로는 너를 잘 따른다고 하면서, 속으로는 너를 괴롭히거나 너의 등을 치는 경우가 있을 수 있죠. 이런 경우에 '면종복배'라는 표현을 쓸 수 있어요.

이처럼 '면종복배'는 겉으로는 순응하는 척하지만, 속으로는 다른 의도를 가진 사람들을 경계하거나 비판할 때 쓰는 말이에요.

사람을 판단할 때, 겉모습만으로 모든 걸 믿기보다는 그 사람의 내면까지 살펴보는 게 중요하다는 교훈을 주죠.

사람은 말과 행동을 일치시키지 않으면

결국 자기 자신도 속게 된다.

진정한 사람은 그의 말이 행동으로 이어지는 사람이다.

- 윌리엄 셰익스피어 (William Shakespeare)

말과 행동이 일치하지 않으면 자신을 속일 수 있어요.

진정한 사람은 말한 대로 행동하는 사람입니다.

面	從	腹	背
낯 면	좇을 종	배 복	등 배

이럴 때 이렇게 표현하기

→ 그가 나한테 다가올 때마다 **면종복배**처럼 행동하는 걸 알게 됐어.

→ 그 친구는 항상 **면종복배** 같아서 말과 행동이 달라.

→ **면종복배**로 행동하는 사람은 결국 모두에게 신뢰를 잃게 돼요.

무용지물 無用之物

쓸모없는[用][無] 물건[之][物]

무용지물은 말 그대로 '쓸모없는 물건'이라는 뜻이에요. 어떤 것이 본래의 기능을 하지 못하거나, 기대에 못 미쳐서 필요 없다고 여겨질 때 쓰는 말이죠.

하지만 이 말을 쓸 때는 조심해야 해요. 누군가의 물건이나 능력을 '무용지물'이라고 쉽게 판단하면 상처가 될 수 있거든요.

예를 들어, 공부를 잘하지 못한다고 해서 무용지물이라고 여길 수는 없어요. 그 친구는 운동이나 미술, 친구를 도와주는 일에서 더 빛날 수 있거든요.

우리가 중요하게 생각해야 할 건, 겉으로 보이는 유용함보다 그 안에 담긴 가능성과 가치예요.

무용지물이라는 말은 단순히 '쓸모없음'을 넘어서, 지금은 필요 없다고 여겨지는 것에도 의미를 다시 돌아보게 해주는 말이에요.

그러니 친구를 대하거나 나 자신을 바라볼 때, '쓸모'로만 평가하지 않았으면 좋겠어요. 언제나 누구나 필요한 존재니까요.

모든 것은 그 존재 자체로 의미가 있다.

단지 우리가 그 가치를 아직 깨닫지 못했을 뿐이다.

- 랄프 월도 에머슨 (Ralph Waldo Emerson)

겉보기엔 쓸모없어 보여도, 사실은 우리가 그 가치를 아직 발견하지 못한 것일 수 있어요.

무용지물처럼 보여도 언젠가는 꼭 필요한 존재가 될 수 있답니다.

無	用	之	物
없을 무	쓸 용	갈 지	만물 물

이럴 때 이렇게 표현하기

→ 새로 산 전자사전은 스마트폰이 있으니 **무용지물**이 되었어요.

→ 아무리 좋은 재능도 노력하지 않으면 **무용지물**이에요.

→ 설명서 없이 받은 퍼즐은 **무용지물**처럼 느껴졌어요.

유야무야 有耶無耶

있는[有] 듯[耶] 없는[無] 듯[耶]

살다 보면 분명 시작했지만 끝이 보이지 않는 일들이 있어요. 친구와 약속을 하거나 새로운 도전을 했지만 시간이 지나면서 자연스럽게 사라져 버릴 때가 있지요.

이런 상황을 표현하는 사자성어가 바로 '유야무야'입니다.

예를 들어, 반 친구들과 봉사활동을 하기로 했지만 아무도 적극적으로 나서지 않아 조용히 사라져 버렸을 때, "그 일은 유야무야 되었어"라고 말할 수 있지요.

청소년기에는 다양한 경험을 하면서 이런 일이 자주 일어나기도 합니다.

하지만 이런 상황을 그냥 넘기기보다는 자신이 시작한 일에 책임감을 가지고 끝까지 마무리하는 자세가 중요해요.

모든 일이 성공적일 수는 없지만, 적어도 '유야무야'로 흐지부지 끝내지 않겠다는 마음가짐이 성장의 시작입니다.

어떤 일이든 스스로 정리하고 책임지는 습관을 갖는다면, 분명 여러분의 삶에 큰 도움이 될 거예요.

선택을 하지 않는 것도 하나의 선택이지만,

그 대가는 생각보다 클 수 있다.

– 윌리엄 제임스 (William James)

결정을 내리지 않고 그냥 흘려보내는 것, 즉 유야무야하게 행동하는 것은
결국 무책임한 선택이 될 수 있다는 말이에요.

有	耶	無	耶
있을 유	어조사 야	없을 무	어조사 야

이럴 때 이렇게 표현하기

→ 친구들과 하기로 한 봉사활동이 결국 **유야무야**되고 말았어요.

→ 회장 선출 문제가 **유야무**야 넘어가서 모두가 어색해졌어요.

→ 서로 미안하다고 말만 하다가 화해는 **유야무야**됐어요.

호언장담 豪言壯談

거창한[豪] 말과[言] 당당한[壯] 이야기[談]

25

우리는 때때로 친구들 앞에서 멋지게 말하고 싶을 때가 있어요. "나 이번 시험 진짜 1등할 거야!", "운동회에서 내가 꼭 MVP 될 거야!"처럼 자신감 넘치는 말들을 하죠.

이런 당당한 말은 바로 '호언장담'이라고 해요. 글자 그대로 해석하면 '호기롭고 웅장한 말'이란 뜻이지만, 실제로는 실천이 따르지 않는 큰소리를 말해요.

물론, 포부를 밝히는 건 좋은 일이에요. 하지만 행동이 따라주지 않으면, 그 말은 신뢰를 잃고 허풍처럼 들릴 수 있어요.

예를 들어, 공부는 안 하면서 "나 서울대 갈 거야"라고 말하면, 주변 친구들은 점점 그 말을 진심으로 받아들이지 않게 될 거예요.

청소년 시기엔 꿈과 열정을 키우는 게 중요해요. 하지만 말보다 더 중요한 건, 그 꿈을 향해 한 걸음씩 나아가는 노력과 실천이에요.

멋진 말을 하는 것도 좋지만, 그 말에 책임지는 모습은 더 멋지답니다.

약속은 말보다 행동으로 증명된다.

말만 앞서고 행동이 따르지 않으면 신뢰는 무너진다.

- 마크 트웨인 (Mark Twain)

약속은 말뿐만 아니라 행동으로 지킬 때 진짜가 됩니다. 좋은 말도 행동이 따라주지 않으면
신뢰를 잃기 때문에, 말과 행동에 책임감을 가져야 합니다.

豪	言	壯	談
호걸 호	말씀 언	씩씩할 장	말씀 담

이럴 때 이렇게 표현하기

→ 팀장이 승리를 자신하며 **호언장담**했지만, 결국 우리가 졌다.

→ **호언장담**을 하긴 했지만, 결국 그가 말한 대로 결과가 나오지 않았다.

→ 시험에서 100점을 받겠다고 **호언장담**했지만, 결과는 기대와 달랐다.

유시유종 有始有終

처음이[始] 있으면[有] 끝도[終] 있다[有]

유시유종이라는 사자성어는 '처음이 있으면 끝도 있다'는 뜻이에요.

즉, 어떤 일을 시작할 때는 반드시 끝까지 책임지고 마무리해야 한다는 의미랍니다.

청소년 시기에는 공부나 운동, 친구와의 약속 등 다양한 일들을 시작하게 되는데, 중간에 포기하거나 흐지부지 끝내면 진정한 성취를 맛보기 어려워요.

예를 들어, 학급에서 맡은 역할이나 동아리 활동을 끝까지 해내는 모습을 생각해 볼 수 있어요.

끝까지 최선을 다하는 경험은 자신감을 키워 주고, 주변 사람들에게 신뢰를 얻는 길이기도 하지요.

이처럼 '유시유종'은 단지 일이 끝나는 것을 넘어서, 꾸준함과 인내의 가치를 일깨워 줍니다. 여러분도 어떤 일을 시작할 때는 반드시 끝까지 책임지는 마음을 가지길 바랍니다.

그렇게 할 때 비로소 성장과 보람을 느낄 수 있답니다.

모든 일에는 시작이 있고 끝이 있다.

시작이 중요하지만 끝이 더 중요하다.

- 공자 (孔子)

공자는 일이 시작될 때부터 끝까지의 과정이 중요함을 강조했어요. 좋은 시작과 더불어 끝까지 흔들리지 않고 잘 마무리하는 것이 중요하다는 교훈을 주는 말이에요.

有	始	有	終
있을 유	처음 시	있을 유	끝날 종

이럴 때 이렇게 표현하기

→ 그 친구는 항상 **유시유종**을 지키며, 시작한 일은 끝까지 잘 해낸다.

→ 시험공부도 **유시유종**처럼, 처음 시작할 때와 끝날 때까지 꾸준히 해야 해.

→ **유시유종**처럼, 오늘의 목표는 내일까지 잘 마무리해야 해.

기호지세 騎虎之勢

호랑이를[虎] 타고[騎] 달리는[之] 형세[勢]

기호지세는 말을 타고 호랑이를 타는 상황처럼, 이미 시작한 일이 너무 커져서 되돌릴 수 없는 상태를 의미해요.

이 사자성어는 말을 타고 호랑이를 탄 상태에서 내려간다면 자신도 위험할 수 있기 때문에, 어떻게든 계속해서 그 길을 가야 하는 상황을 비유한 말이랍니다.

이 표현은, 우리가 어떤 일에 깊이 얽여서 되돌릴 수 없는 상황에 처했을 때 사용돼요. 예를 들어, 중요한 시험을 앞두고 공부를 너무 미뤄놓았을 때, 이제 더 이상 멈출 수 없고 끝까지 해야만 하는 상황에서 "기호지세"라고 말할 수 있어요.

이렇게 '기호지세'는 우리가 이미 시작한 일에 대한 책임을 다해야 할 때, 그리고 끝까지 최선을 다해야 하는 상황에서 잘 어울리는 표현이에요.

때로는 겁이 나거나 어려울 수 있지만, 한번 시작한 일이라면 끝까지 해야 한다는 마음가짐을 가지는 것이 중요하답니다.

우리는 지금 걷고 있는 길이 어디로 이어지는지 알 수 없다.
하지만 멈추지 않는다면 언젠가 목적지에 도달한다.

– 로알드 달 (Roald Dahl)

지금 가는 길이 불확실하더라도, 시작했다면 끝을 볼 때까지 가야 한다는 말이에요.
기호지세와 같이 도중에 멈추기보다는 믿고 계속 가는 태도를 유지하길 바라요.

騎	虎	之	勢
말탈 기	범 호	갈 지	기세 세

이럴 때 이렇게 표현하기

→ 게임을 시작한 지 오래돼서 이제는 접기도 어려운 **기호지세** 상황이에요.

→ 거창하게 발표하겠다고 해놓고 이제 와서 물러설 수도 없으니 **기호지세**인 셈이에요.

→ 도전해놓고 포기 못 하는 상황, **기호지세** 같아요.

용두사미 龍頭蛇尾

용의[龍] 머리와[頭] 뱀의[蛇] 꼬리[尾]

용두사미는 '용의 머리처럼 시작은 크고 화려하지만, 뱀의 꼬리처럼 끝은 초라하고 흐지부지해진다'는 뜻이에요.

쉽게 말해, 처음에는 의욕이 넘치고 열심히 시작하지만 시간이 지날수록 점점 힘이 빠져서 마무리가 좋지 않은 상황을 가리킨답니다.

청소년 시절에는 새로운 공부나 운동, 프로젝트를 시작할 때 의욕이 넘치지만, 중간이나 끝부분에서 집중력이 떨어져서 제대로 완성하지 못하는 일이 종종 있지요. 이런 상황을 '용두사미'라고 표현할 수 있어요.

아무리 시작이 좋아도 끝까지 최선을 다하지 않으면 노력한 만큼의 결과를 얻기 어렵답니다.

그래서 우리는 어떤 일이든 처음 마음먹은 그 열정을 끝까지 잃지 않고 완성하려는 자세가 필요해요.

여러분도 '용두사미'가 되지 않도록 시작부터 끝까지 책임감을 가지고 꾸준히 노력하는 습관을 길러 보세요. 그럴 때 비로소 진정한 성취와 성장이 가능하답니다.

잘 시작하는 것만으로는 충분하지 않다.

끝까지 잘 마무리해야 한다.

– 헨리 워드 비처 (Henry Ward Beecher)

잘 시작하는 것만으로는 부족해요.

청소년 여러분은 처음의 열정만큼 끝까지 책임지는 태도를 가져야 해요.

龍	頭	蛇	尾
용 룡(용)	머리 두	뱀 사	꼬리 미

이럴 때 이렇게 표현하기

→ 다이어트를 시작했지만 삼 일 만에 포기한 건 완전 **용두사미**예요.

→ 처음엔 열심히 공부했는데 시험 직전에 손 놓은 건 **용두사미** 같았어요.

→ 멋지게 계획했지만 실행하지 않으면 결국 **용두사미**로 끝나버려요.

무사안일 無事安逸

아무 일[事] 없이[無] 편안함을[安] 유지하다[逸]

　무사안일은 '아무 일이 없고 편안함'을 뜻하지만, 실제로는 '큰일이 없다고 안일하게 행동하는 태도'를 비판하는 말이에요.

　즉, 지금 당장은 문제가 없어 보여도 그것에 안주해 노력하지 않거나, 더 나은 방향을 위해 움직이지 않는 상태를 말해요.

　예를 들어, 학교에서 성적이 중간만큼 나오고 선생님께도 크게 혼나지 않는다고 해서 '지금 이대로 괜찮아' 하고 공부를 멈춘다면, 그건 무사안일한 태도예요. 당장은 편하겠지만, 스스로 발전할 기회를 놓칠 수 있어요.

　무사안일은 책임 있는 태도와는 달라요. 나만 편하자고 변화를 외면하면 결국 더 큰 문제를 만들 수 있어요. 특히 사회나 공동체에서는 한 사람의 무사안일이 모두에게 피해를 줄 수도 있답니다.

　청소년 시기는 더 많이 배우고 도전할 수 있는 때예요. '지금 괜찮다'는 이유로 멈춰서지 말고, 작은 불편을 감수하더라도 의미 있는 일을 위해 움직일 줄 아는 용기를 가져야 해요.

인생에서 진정한 위험은 도전하는 것이 아니라,

아무것도 하지 않고 머무르려는 그 마음이다.

– 존 뉴먼 (John Henry Newman)

'도전'보다 더 무서운 건 변화 없이 머무르려는 마음이에요.

청소년 시기에는 실패를 두려워하지 말고, 새로운 길을 향해 용기 있게 나아가야 해요.

無	事	安	逸
없을 무	일 사	편안할 안	숨을 일

이럴 때 이렇게 표현하기

→ 그는 **무사안일**한 자세로 매일 똑같은 일만 반복하고 있어요.

→ **무사안일**하게 살면 결국 아무것도 이룰 수 없다는 걸 깨달았어요.

→ **무사안일**한 삶은 결국 자신을 발전시키지 못하게 만든다는 걸 알게 됐어요.

용감무쌍 勇敢無雙

용감하고[勇][敢] 비교할[雙] 것이 없다[無]

용감무쌍은 '용감함에 견줄 이가 없다'는 뜻을 가진 사자성어예요. 즉, 매우 용감해서 그 용기를 따라올 사람이 없다는 의미지요. 겁내지 않고 당당하게 어려움에 맞서는 모습을 말할 때 이 표현을 사용해요.

청소년 시기에 우리는 많은 선택의 순간과 마주하게 돼요. 발표를 해야 할 때, 새로운 친구에게 먼저 다가갈 때, 잘못된 것을 보고 옳은 말을 할 때, 모두가 두려워 피하려 할 때 한 걸음 내딛는 것이 바로 용감무쌍의 태도예요.

자신의 약점을 인정하고, 잘못을 고백하며, 두려움 속에서도 해야 할 일을 해내는 것이 진짜 용감한 행동이에요. 용감무쌍하다는 것은 무모하다는 게 아니라, 두려움을 이기기 위해 노력하는 태도예요.

여러분도 매일 조금씩 용기를 내다보면, 언젠가 누군가에게 "너 정말 용감무쌍하구나!"라는 말을 듣게 될 거예요.

용기는 공포가 없는 것이 아니라,

공포보다 더 중요한 것이 있을 때 행동하는 것이다.

- 앰브로스 레드문 (Ambrose Redmoon)

무서운 감정이 사라져야만 용감한 게 아니에요.

무서워도 소중한 것을 지키기 위해 한 발 내딛는 그 마음이 바로 진짜 용기랍니다.

勇	敢	無	雙
날랠 용	감히 감	없을 무	두 쌍

이럴 때 이렇게 표현하기

→ 영훈이는 불 속으로 뛰어들어 친구를 구한 **용감무쌍**한 아이예요.

→ 무대 공포증도 없이 당당히 발표한 그 모습은 정말 **용감무쌍**했어요.

→ 실수해도 주눅 들지 않고 다시 도전하는 태도, 그게 바로 **용감무쌍**이에요.

겸인지용 兼人之勇

여러 사람[人]의[之] 용기를[勇] 겸하다[兼]

31

겸인지용은 한자 그대로 풀이하면 '여럿을 겸할 수 있는 용기'예요.

좀 더 쉽게 말하면, 보통 사람보다 훨씬 뛰어난 용기를 말해요. 한 명이 열 명을 당해낼 만큼 강하고 용감한 마음이라는 뜻이지요.

예를 들어, 모두가 두려워서 나서지 못할 때, 겁내지 않고 올바른 일을 위해 앞장서는 친구가 있다면, 그 친구는 겸인지용을 가진 사람이에요.

단순히 싸움을 잘한다는 게 아니라, 정의롭고 담대한 행동을 할 수 있는 용기를 의미한답니다.

청소년 시기에는 친구 관계나 도전 앞에서 주저할 때가 많아요.

하지만 '겸인지용'의 의미처럼, 자기 신념을 지키고, 두려움 앞에서 한 걸음 나아갈 수 있는 용기를 내는 것이 중요해요. 그런 용기가 여러분을 더 멋지고 단단하게 성장시켜 준답니다.

진정한 용기는 두려움을 느끼지 않는 것이 아니라,

두려움을 이기고 앞으로 나아가는 것이다.

- 넬슨 만델라 (Nelson Mandela)

아무리 뛰어난 사람이라도 두려움을 느끼지 않는 건 아니에요.

하지만 그 두려움을 이겨내고 행동하는 힘이 진짜 용기예요.

兼	人	之	勇
겸할 겸	사람 인	갈 지	날랠 용

이럴 때 이렇게 표현하기

→ 그는 친구를 돕기 위해 **겸인지용**으로 용기를 냈어요.

→ 처음엔 두려웠지만, **겸인지용**으로 발표를 잘 해냈어요.

→ 팀 프로젝트에서 **겸인지용**으로 의견을 내었어요.

우후죽순 雨後竹筍

비가[雨] 온 후에[後] 솟는 죽순[竹][筍]

우후죽순은 '비가 온 후 대나무순처럼 갑자기 많이 생긴다'는 뜻이에요.

대나무는 비가 온 후 빠르게 자라나는데, 이처럼 어떤 일이 갑자기 많아지고, 예기치 않게 많이 일어나는 상황을 표현할 때 사용해요.

즉, 어떤 일이 순식간에 급격히 생겨나는 걸 비유하는 말이랍니다.

예를 들어, 요즘 인터넷에서 유행하는 챌린지들이 우후죽순처럼 생겨나고 있어요.

하루하루 새로운 트렌드가 생기기도 하고, 특정 주제에 대한 정보들이 갑자기 많이 퍼져나가기도 하죠.

이렇게 어떤 일이 갑자기 많아지는 상황을 말할 때 "우후죽순"이라는 표현을 쓰면 좋아요.

그러므로 우후죽순은 바로 그 변화나 확산이 예상보다 빠르고 넓게 일어나고 있다는 의미로, 청소년들도 새로운 유행이나 트렌드가 갑자기 많이 생길 때 자주 사용할 수 있어요.

변화는 우리가 일으킨다.

우리가 변화를 만들지 않으면, 아무것도 일어나지 않는다.

- 마하트마 간디 (Mahatma Gandhi)

우리가 변화를 만들지 않으면 아무 일도 일어나지 않아요.

작은 변화들이 큰 결과를 가져올 수 있다는 뜻이에요.

雨	後	竹	筍
비 우	뒤 후	대 죽	죽순 순

이럴 때 이렇게 표현하기

→ 학교에서 새로 시작된 동아리가 **우후죽순**처럼 생겨났어요.

→ SNS에서 인플루언서들이 **우후죽순**처럼 등장하고 있어요.

→ 그의 인기 덕분에 팬들이 **우후죽순**처럼 늘어났어요.

아연실색 啞然失色

말이[啞] 막히고[然] 얼굴빛이[色] 사라진다[失]

친구에게 잘못 보낸 메시지가 엉뚱한 사람에게 전달됐을 때, 나는 순간 숨이 멎는 줄 알았어요. 얼굴은 하얘지고, 말이 막혀 버렸죠.

이런 상황을 딱 맞게 표현하는 말이 있어요. 바로 '아연실색'이에요. 너무 놀라 말이 막히고 얼굴빛까지 변하는 상태를 뜻한답니다.

살면서 누구나 예상치 못한 실수나 당황스러운 일을 겪게 마련이에요. 그럴 때 중요한 건, 순간의 놀람에 머무르지 않고 어떻게 대처하느냐 하는 점이랍니다.

아연실색하는 순간이 부끄럽거나 힘들게 느껴질 수도 있지만, 사실 그 경험이 우리를 더 성장하게 만들어 줘요.

청소년 시기에는 이런 경험을 통해 마음이 단단해지고, 더 현명해질 수 있어요.

그러니 당황스러운 순간도 두려워하지 말고, 오히려 자신을 돌아보고 배우는 기회로 삼아 보길 바랍니다. 그것이 진짜 성장이니까요.

진실은 종종 폭탄처럼 터지며,

우리는 그 앞에서 잠시 말문이 막히곤 한다.

– 조지 오웰(George Orwell)

충격적인 진실 앞에서는 누구나 말문이 막힐 수 있지만,

그 순간에도 진실을 마주하려는 용기가 중요하다는 걸 말해요.

啞	然	失	色
벙어리 아	그러할 연	잃을 실	빛 색

이럴 때 이렇게 표현하기

→ 시험 점수가 너무 좋아서 순간 **아연실색**했어요.

→ 친구가 갑자기 고백해서 **아연실색**했어요.

→ 지갑이 없어진 걸 알고 **아연실색**했어요.

토사구팽 兎死狗烹

토끼가[兎] 죽으면[死] 사냥개를[狗] 삶는다[烹]

34

토사구팽은 '토끼가 죽으면 사냥개를 삶는다'는 뜻이에요.

즉, 필요할 때는 소중하게 여기다가, 필요가 없어지면 무정하게 버린다는 뜻이지요.

예를 들어, 어떤 친구가 팀 프로젝트에서 큰 역할을 했는데, 발표가 끝나자 다른 친구들이 그 친구를 무시하거나 따돌리는 경우가 있어요.

이럴 때 "그건 토사구팽이에요"라고 말할 수 있어요.

이 사자성어는 우리에게 중요한 교훈을 줘요. 누군가와 함께했을 때는 끝까지 배려하고 고마움을 잊지 말자는 뜻이에요. 친구든 선후배든, 도움이 필요할 때만 찾고 일이 끝나면 무심하게 대하는 건 바람직하지 않아요.

청소년 시기에는 함께 성장하는 관계가 중요해요. 순간의 필요보다 오래가는 신뢰가 더 소중하다는 걸 기억하면 좋겠어요.

사람을 도구처럼 대하지 말고, 관계를 소중히 여기는 마음이 진짜 어른스러운 태도예요.

사람들은 당신이 필요할 땐 옆에 있다가,

필요 없어지면 당신을 잊는다.

– 윌리엄 셰익스피어 (William Shakespeare)

이 말은 사람의 이기적인 본성을 꼬집는 말이에요.

진정한 관계란 이용이 아닌 신뢰와 지속적인 관심에서 온다는 것을 배울 필요가 있어요.

兎	死	狗	烹
토끼토	죽을사	개구	삶을팽

이럴 때 이렇게 표현하기

→ 일이 끝나자마자 연락도 끊다니, 이건 완전 **토사구팽**이야.

→ 도움 필요할 땐 절실하더니, 끝나고 나니 **토사구팽**처럼 나를 외면했어.

→ 함께할 땐 친구더니, 끝나니까 **토사구팽** 당한 기분이 들었어.

소리장도 笑裏藏刀

웃음[笑] 속에[裏] 칼을[刀] 감춘다[藏]

우리는 가끔 누군가의 웃는 얼굴을 보고 마음이 놓이기도 해요. 하지만 겉으로는 웃고 있지만 속으로는 다른 생각을 하는 사람도 있어요.

그런 모습을 표현하는 말이 바로 '소리장도'예요. 웃음 속에 칼을 숨기고 있다는 뜻이지요.

이 말은 겉으로는 친절하고 다정하게 대하면서도 속으로는 나를 해치려고 하는 태도를 말해요.

예를 들어, 어떤 친구가 겉으로는 웃으며 칭찬하지만, 뒤에서는 험담을 하거나 내 말을 왜곡한다면, 그건 '소리장도'에 해당하는 행동이에요.

청소년 시기에는 친구 관계가 중요하기 때문에 겉과 속이 다른 태도는 큰 상처를 줄 수 있어요. 진짜 친구는 웃을 때도, 말할 때도 진심이 담겨 있어야 해요.

진짜 마음은 말보다 행동에서 드러나는 법이에요. 웃으면서 상처 주는 말은 하지 않는 사람이 되기를 바라요.

친절한 말은 믿기 쉽지만,

그 속엔 의도가 숨어 있을 수 있다.

- 윌리엄 셰익스피어 (William Shakespeare)

겉으로 친절한 말이 항상 진심은 아닐 수 있다는 말이에요.

겉으로 친절해 보여도 진심이 아닐 수 있으니, 말보다 행동을 살펴보는 눈이 필요해요.

笑	裏	藏	刀
웃을 소	속 리	감출 장	칼 도

이럴 때 이렇게 표현하기

→ 그는 **소리장도**처럼 웃으면서 내 등을 칼로 찔렀어요.

→ 친절한 척하지만 속마음은 **소리장도** 같아요.

→ 그녀는 **소리장도**처럼 웃으면서 날 속였어요.

일거양득 一擧兩得

한 번의[一] 행동으로[擧] 두 가지를[兩] 얻는다[得]

일거양득은 '한 번의 노력으로 두 가지 이익을 얻는다'는 뜻이에요. 이 표현은 어떤 일을 한 번에 두 마리 토끼를 잡는 것처럼, 효율적으로 목표를 달성할 때 사용할 수 있어요.

예를 들어, 친구와 함께 운동을 하면서 건강을 유지하는 동시에, 친밀한 관계를 유지하는 경우를 들 수 있어요. 운동을 하는 동안 건강을 챙기고, 친구와의 우정도 다지게 되니, 두 가지 장점이 생기는 거예요.

일거양득은 시간을 잘 관리하고 두 가지 목표를 동시에 이루려는 사람에게 필요한 마인드예요.

우리가 매일 할 일을 잘 선택하고, 그 일을 통해 여러 가지 이점을 얻을 수 있다면 더 효과적이고 만족스러운 삶을 살 수 있겠죠.

효율적인 삶을 살고 싶은 청소년이라면, 일거양득을 활용해 여러 가지 성과를 동시에 얻을 수 있도록 노력해야 해요.

한 번의 행동으로 두 가지를 얻을 수 있다면,

그것은 가장 지혜로운 방법이다.

- 벤자민 프랭클린 (Benjamin Franklin)

이 말은 하나의 노력으로 두 가지 목적을 동시에 달성하는 것이야말로

지혜로운 방법이라고 말합니다.

一	擧	兩	得
하나 일	들 거	두 량	얻을 득

이럴 때 이렇게 표현하기

→ 운동하며 친구도 만났으니, **일거양득**이에요.

→ 책을 읽으면서 영어도 배우니 **일거양득**이에요.

→ 공부하며 휴식도 취하니 **일거양득**이에요.

금상첨화 錦上添花

비단[錦] 위에[上] 꽃을[花] 더한다[添]

누군가가 이미 좋은 상황에 있을 때, 거기에 또 좋은 일이 더해지면 정말 기분이 좋아요. 이런 상황을 표현할 때 사용하는 사자성어가 바로 '금상첨화'예요.

즉, 이미 아름다운 비단에 꽃을 얹는다는 건 더할 나위 없이 좋다는 의미이지요.

예를 들어, 시험도 잘 보고 친구들과의 사이도 좋아졌는데, 거기다 가족 여행까지 가게 되었다면 정말 금상첨화예요.

또는 열심히 준비한 발표가 잘 끝났는데 선생님께 칭찬까지 받았다면, 그것도 금상첨화라고 할 수 있어요.

이 말은 좋은 일 위에 더 좋은 일이 겹쳤을 때 쓰는 말이에요. 그래서 누군가가 행운을 겹겹이 누릴 때 축하해주는 말로도 자주 사용돼요.

우리도 누군가에게 좋은 일이 생겼을 때 부러워만 하지 말고, "와, 금상첨화네요!" 하고 함께 기뻐해주는 따뜻한 사람이 되었으면 좋겠어요.

당신이 이미 가진 것에 감사할 줄 안다면,

거기에 오는 모든 행운은 축복 그 자체다

- 루이자 메이 올콧 (Louisa May Alcott)

이미 좋은 것에 더 좋은 일이 생기면 그것은 기적처럼 느껴져요.

감사하는 마음이 더 많은 행복을 불러온다는 뜻이에요.

錦	上	添	花
비단 금	위 상	더할 첨	꽃 화

이럴 때 이렇게 표현하기

→ 시험을 잘 봤고, 친구와 여행까지 가게 되어 **금상첨**화예요.

→ 맛있는 저녁에 선물까지 받으니 **금상첨화**였어요.

→ 좋은 일이 계속 생겨서 정말 **금상첨화**예요.

유비무환 有備無患

준비가[備] 있으면[有] 근심이[患] 없다[無]

유비무환은 '준비가 있으면 근심이 없다'는 뜻의 사자성어예요.

이 말은 어떤 일이 생길 가능성에 미리 대비하면 걱정을 줄일 수 있다는 의미예요.

예를 들어, 시험을 미리 준비하면 불안감이 줄어들고 자신감이 생겨요. 반대로 준비를 하지 않으면 후회할 수 있죠. 그래서 유비무환은 미리 준비하는 것이 중요함을 알려줘요.

학교에서 시험이나 발표를 앞두고 미리 준비하면, 당일에 문제가 생길 확률이 적고 자신감 있게 일에 임할 수 있어요.

유비무환은 단순히 준비하자는 말이 아니라, 좋은 결과를 얻기 위한 중요한 습관을 기르자는 의미예요.

일상에서도 작은 준비부터 시작해 보세요. 내일 할 일을 미리 정리하거나 공부 계획을 세우는 것만으로도 큰 차이를 만들 수 있어요.

유비무환은 준비된 삶이 더 나은 미래를 만든다는 중요한 가르침을 주는 말이에요.

우리는 다가올 일들에 대해

두려움을 갖기보다 준비하는 것이 중요하다.

두려움은 준비된 자에게는 찾아오지 않는다.

- 수잔 제퍼스 (Susan Jeffers)

이 말은 준비가 잘 되면 두려움이 사라지고 자신감이 생긴다는 뜻이에요.

미리 준비하는 것이 두려움을 이기는 방법이에요.

有	備	無	患
있을 유	갖출 비	없을 무	근심 환

이럴 때 이렇게 표현하기

→ 중요한 시험을 앞두고 미리 준비했더니 **유비무환**이었어요.

→ 여행 가기 전에 일정을 미리 계획했더니 **유비무환**이었어요.

→ 프로젝트를 미리 준비한 덕분에 발표 당일에 **유비무환**이었어요.

요지부동 搖之不動

흔들어도[搖][之] 움직이지[動] 않는다[不]

요지부동이라는 사자성어는 '흔들어도 움직이지 않는다'는 뜻이에요. 즉, 어떤 상황에서도 쉽게 마음이나 태도가 흔들리지 않고 굳건하게 지켜지는 모습을 말합니다.

청소년 시절에는 친구 관계나 공부, 진로 등 여러 고민과 유혹이 많지만, 이런 순간에 흔들리지 않고 자신의 신념과 목표를 지키는 것이 중요하답니다.

예를 들어, 친구들이 잘못된 길로 갈 때도 자신만의 옳은 판단을 지키는 태도를 '요지부동'이라고 할 수 있어요.

요지부동은 마음의 강함과 의지를 나타내며, 어려운 상황에서도 흔들리지 않는 믿음을 가져야 한다는 교훈을 줍니다.

여러분도 주변 환경이나 다른 사람의 의견에 휘둘리지 말고, 자신이 옳다고 생각하는 길을 끝까지 지켜나가길 바랍니다.

언제나 흔들리지 않는 단단한 마음을 가지는 것이 여러분의 미래에 큰 힘이 될 거예요.

자신을 믿고, 어떤 상황에서도

흔들리지 않으면 결국 성공할 것이다.

- 알버트 아인슈타인 (Albert Einstein)

어려운 상황에서도 자신을 믿고 흔들리지 않으면 결국 성공할 수 있다는 의미예요.

즉, 자기 신념을 지키며 꾸준히 나아가는 것이 중요하다는 말이에요.

搖	之	不	動
흔들릴 요	갈 지	아니 불	움직일 동

이럴 때 이렇게 표현하기

→ 모두가 방법을 바꾸자고 해도 나는 **요지부동**으로 예전 방식대로 할 거야.

→ 변화가 불안하지만, **요지부동**으로 내 길을 가기로 결심했어.

→ 다들 나를 따라오라고 하지만, 나는 **요지부동**으로 내 선택을 고수할 거야.

자력갱생 自力更生

스스로의[自] 힘으로[力] 다시[更] 살아난다[生]

40

자력갱생은 '자신만의 힘으로 어려운 상황을 극복하거나 다시 일어서는 것'을 의미해요. 이 말은 어려움 속에서 다른 사람의 도움 없이 스스로 문제를 해결하고 다시 시작하는 용기를 담고 있어요.

예를 들어, 어려운 시험을 앞두고 누군가의 도움이 아니라 나 자신의 노력과 준비로 좋은 결과를 얻겠다고 다짐하는 것이 자력갱생의 한 예랍니다.

시험공부, 친구들과의 갈등, 또는 스포츠나 취미 활동에서의 도전 등에서, 결국 중요한 것은 스스로 해결하려는 의지와 노력이에요.

어려움이 다가올 때, 다른 사람을 탓하거나 포기하기보다는 자신이 할 수 있는 최선을 다하는 마음가짐이 필요해요.

또한 외롭고 힘든 길일 수 있지만, 어려운 상황에서도 한 걸음씩 나아가며 자력갱생의 정신을 가지고 살아가는 것이 중요하답니다.

인생에서 가장 중요한 것은,

내가 어떤 어려움에 처하더라도 남을 탓하지 않고,

스스로 그 상황을 극복해 나가는 힘을 기르는 것이다.

- 헨리 포드(Henry Ford)

어려운 상황에서 남을 탓하지 않고 스스로 해결하는 힘이 중요해요. 자력갱생을 통해 책임감을 가지고 문제를 해결하는 자세를 배우길 바랍니다.

自	力	更	生
스스로 자	힘 력	다시 갱	날 생

이럴 때 이렇게 표현하기

→ 그는 **자력갱생**을 통해 어려운 상황을 극복하고 결국 성공을 거두었어요.

→ **자력갱생**의 힘으로 다시 일어설 수 있었던 그는 더 강해졌어요.

→ 어려움에 처했을 때 **자력갱생**의 자세로 스스로 해결책을 찾아낸 것이 중요해요.

오리무중 五里霧中

오리에[五][里] 걸쳐 안개[霧] 속[中]

41

오리무중은 '안개 속을 걷는 것처럼 상황이나 방향이 분명하지 않다'는 뜻이에요.

말 그대로 안개 속에서 길을 잃고 헤매는 것처럼, 앞이 보이지 않거나 어떤 상황에 대해 분명히 알지 못할 때 사용됩니다.

예를 들어, 시험 준비를 하거나 진로에 대해 고민할 때, 무엇을 먼저 해야 할지 모르겠다고 느낄 때가 많아요. 이때 "오리무중"이라는 표현을 사용해요.

하지만 이런 상황에서도 무작정 포기하지 않고, 한 걸음씩 나아가면 결국 길이 보이기 시작할 거예요.

'오리무중'은 길이 보이지 않더라도, 그 속에서 해결책을 찾는 과정이 중요하다는 점을 알려주는 표현이에요.

우리가 어려운 상황에 처했을 때, 그 상황을 잘 헤쳐 나가기 위해서는 천천히 상황을 파악하고 끈기 있게 노력하는 자세가 필요하답니다.

불확실성 속에서 길을 찾으려는 노력은,

우리가 가장 큰 성장을 경험하는 순간이기도 하다.

– 엘리자베스 길버트 (Elizabeth Gilbert)

불확실성 속에서 길을 찾는 노력은 성장의 기회를 만들어줘요.

어려움 속에서도 도전하고 배우려는 마음가짐이 중요해요.

五	里	霧	中
다섯 오	마을 리	안개 무	가운데 중

이럴 때 이렇게 표현하기

→ 계획이 제대로 안 잡혀서 **오리무중**에 빠졌어요.

→ 모든 게 복잡해서 **오리무중**인 상태예요.

→ 문제를 풀려고 했지만, **오리무중**이라 해결책을 못 찾겠어요.

애걸복걸 哀乞伏乞

슬프게[哀] 빌고[乞] 엎드려[伏] 빈다[乞]

우리가 힘들거나 간절히 원하는 일이 있을 때, 진심을 담아 부탁하는 마음을 표현하는 말이 있어요. 바로 '애걸복걸'입니다.

즉, 매우 간절하고 절박하게 무언가를 부탁하는 상황을 나타낸답니다.

예를 들어, 시험에서 도움을 청할 때나 친구에게 잘못한 일을 용서해 달라고 진심으로 부탁할 때 쓸 수 있어요.

단순한 부탁이 아니라, 마음속 깊은 곳에서부터 간절함이 느껴질 때 애걸복걸이라는 표현이 잘 어울립니다.

이 사자성어는 우리가 상대방에게 진심을 전하고자 할 때 어떤 태도를 가져야 하는지 알려줍니다.

청소년 시절에는 가끔 누구에게 도움을 구하는 것이 어려울 수 있지만, 진심을 담아 겸손하게 부탁하는 것은 용기이자 성장의 한 과정임을 기억했으면 좋겠어요.

다른 사람에게 존경받고 싶다면,

가장 중요한 것은 스스로를 존중하는 것이다.

– F. 도스토옙스키 (Fyodor Dostoevsky)

자신을 존중하는 사람은 무조건적으로 다른 이에게 매달리거나 굴욕적인 태도를 보이지 않아요.

애걸복걸은 오히려 자기 존중의 부족에서·비롯되는 태도일 수 있답니다.

哀	乞	伏	乞
슬플 애	빌 걸	엎드릴 복	빌 걸

이럴 때 이렇게 표현하기

→ 지각한 친구는 선생님께 혼나지 않으려고 **애걸복걸**했어요.

→ 엄마께 게임 시간을 늘려달라고 **애걸복걸**했지만 소용없었어요.

→ 그는 벌점을 줄여달라고 **애걸복걸**하는 모습이 조금 민망했어요.

어부지리 漁夫之利

어부[漁][夫]의[之] 이익[利]

우리는 종종 누군가와 다투거나 경쟁하는 상황을 겪게 돼요. 그런데 그럴 때 정작 이득을 보는 건, 다투는 당사자가 아닌 제3자인 경우가 있답니다. 이런 상황을 가리키는 사자성어가 바로 '어부지리'예요.

이 말의 뜻은 "물고기를 잡으려던 어부가 싸우는 조개와 도요새 덕분에 이득을 본다"는 고사에서 나왔어요. 즉, 둘이 싸우는 사이에 제삼자가 이득을 본다는 말이에요.

예를 들어, 반에서 두 친구가 회장 자리를 두고 심하게 경쟁했는데, 결국 서로를 깎아내리다가 표를 잃고 전혀 예상치 못한 친구가 당선되는 일이 생긴다면, 그게 바로 어부지리예요.

청소년 시기에는 친구 관계나 팀 활동에서도 이런 상황이 자주 발생할 수 있어요. 이럴 땐 감정싸움보다는 협력과 소통으로 지혜롭게 해결해야 해요.

싸움은 모두에게 손해고, 예상치 못한 누군가에게 기회를 줄 수 있다는 점, 꼭 기억해두면 좋겠어요.

두 사람이 싸울 때,

중립을 지키는 사람이 가장 큰 이점을 가질 수 있다.

- 소크라테스 (Socrates)

싸움 중에 중립적인 태도를 유지하면 상황을 잘 활용할 수 있어요.

"어부지리"처럼 갈등을 피하고 이득을 볼 수 있다는 말이에요.

漁	夫	之	利
고기잡을 어	지아비 부	갈 지	이로울 리(이)

이럴 때 이렇게 표현하기

→ 두 친구가 싸우는 동안, 나는 **어부지리**로 좋은 기회를 잡았어요.

→ 두 팀이 경쟁하는 동안, 나는 **어부지리**로 승리를 거두었어요.

→ 그들이 서로 비난하는 사이, 나는 **어부지리**로 프로젝트를 완수했어요.

박리다매 薄利多賣

이익을[利] 적게[薄] 보고 많이[多] 판다[賣]

박리다매는 '얇은 이익을 많이 팔아서 얻는 이익'이라는 뜻이에요. 즉, 가격을 낮추고, 많은 사람들이 구매하도록 유도하는 방식이에요.

이 전략은 제품이나 서비스를 가격을 조금씩 낮춰서 많은 사람에게 팔고, 그로 인해 발생하는 큰 이익을 얻는 방법이에요. 실제로 상업에서 많이 사용되는 전략이죠.

이 말은 단순히 경제적 거래뿐만 아니라, 우리의 일상에도 적용할 수 있어요. 예를 들어, 운동을 할 때 하루에 조금씩이라도 꾸준히 하는 것이 더 효과적일 수 있어요.

한 번에 무리하게 많은 양을 하려고 하면 오히려 더 힘들고, 지속하기 어려운 경우가 많죠. 꾸준히 조금씩 하다 보면, 더 큰 성과를 이룰 수 있어요.

박리다매는 결국 '작은 노력과 꾸준함'의 중요성을 알려주는 말이에요. 단기적인 큰 성과를 얻기보다는, 꾸준히 작은 노력을 쌓아가는 것이 결국 더 큰 결과로 돌아온다는 교훈을 전해주는 것이죠.

성공은 하룻밤 사이에 이루어지지 않으며,

작은 일들이 축적되어서 큰 성과로 이어진다.

- 마크 저커버그 (Mark Zuckerberg)

성공은 한 번의 큰 도전으로 이루어지는 것이 아니라,

작은 노력들이 모여서 이루어진다는 의미예요.

薄	利	多	賣
엷을 박	이로울 리(이)	많을 다	팔 매

이럴 때 이렇게 표현하기

→ 저 가게는 **박리다매**로 장사해서 손님이 끊이질 않아요.

→ **박리다매** 전략이 통했는지, 하루 만에 재고가 다 팔렸어요.

→ 이익은 적지만 많이 팔면 결국 수익이 커지는 게 **박리다매**예요.

백해무익 百害無益

백 가지[百] 해로움만[害] 있고, 이로움은[益] 없다[無]

45

백해무익은 말 그대로 '해는 백 가지나 되지만, 이익은 하나도 없다'는 뜻이에요. 쉽게 말하면, 아무런 좋은 점도 없이 해롭기만 한 상태나 행동을 말할 때 쓰는 말이에요.

예를 들어, 흡연이나 과도한 게임, 욕설이나 왕따 같은 행동들은 순간 재미있을지 몰라도, 결국 나에게도, 친구들에게도 상처를 남기고 해만 줄 뿐이에요. 이런 것들이 바로 백해무익한 행동이라고 할 수 있어요.

청소년 시기에는 호기심도 많고, 친구들의 영향을 받기도 쉽죠. 하지만 그럴수록 무엇이 나에게 도움이 되고, 무엇이 해로운지를 잘 생각해야 해요.

지금은 작아 보이는 해로운 습관 하나가 시간이 지나 큰 문제가 될 수 있거든요.

'백해무익' 이 말은 여러분이 나쁜 습관이나 해로운 유혹 앞에서 멈춰서서 다시 생각할 수 있도록 도와주는 지혜예요. 자신에게도, 타인에게도 해만 되는 일은 과감하게 NO!라고 말하는 용기를 가지는 것이 중요하답니다.

불필요한 일에 시간을 허비하는 것은,

인생을 조금씩 잃어가는 것이다.

- 찰스 다윈 (Charles Darwin)

백해무익한 일에 몰두할수록 소중한 시간과 에너지를 낭비한다는 걸 일깨워줘요.
의미 없는 일은 결국 우리 삶에서 무언가를 빼앗아가요.

百	害	無	益
일백 백	해칠 해	없을 무	더할 익

이럴 때 이렇게 표현하기

→ 무분별한 욕설은 **백해무익**이니까 말할 때 조심해야 해요.

→ 밤새 스마트폰만 보는 습관은 정말 **백해무익**이에요.

→ 친구를 험담하는 행동은 **백해무익**이라서 서로를 힘들게 해요.

어불성설 語不成說

말이[語] 되지[成] 못하는[不] 말[說]

46

어불성설은 말 그대로 '말이 되지 못하는 말'이라는 뜻이에요. 즉, 논리적으로 맞지 않거나 앞뒤가 맞지 않아서 납득할 수 없는 말이라는 뜻이죠.

우리가 친구들과 대화하거나 발표를 할 때, 말이 엉뚱하거나 근거가 부족하면 사람들은 쉽게 고개를 갸웃하게 돼요. 그럴 때 "그건 어불성설이야"라고 말할 수 있어요.

예를 들어 누군가 "나는 공부 하나도 안 했는데 전교 1등 했어"라고 말하면, 대부분의 친구들은 "그건 어불성설 아니야?" 하고 반응할 거예요. 말이 앞뒤도 안 맞고, 현실적으로도 설득력이 없기 때문이에요.

생각 없이 말하거나, 진실이 아닌 말을 하면 신뢰를 잃기 쉬워요. 특히 청소년 시기엔 말의 힘이 중요해요.

자신이 어떤 이야기를 하든, 듣는 사람이 이해할 수 있도록 정리하고 설명하는 태도가 필요해요. 그래서 어불성설이라는 표현은, 우리에게 "말도 책임감 있게 하자"는 멋진 메시지를 전해주고 있어요.

말이란 생각을 담는 그릇이다.

생각이 없으면 말도 비어 있다.

- 플라톤 (Plato)

깊이 있는 생각이 담기지 않은 말은 결국 공허하다는 뜻이에요.

어불성설처럼, 이치에 맞지 않는 말은 결국 무의미하다는 것을 보여줘요.

語	不	成	說
말씀 어	아니 불	이룰 성	말씀 설

이럴 때 이렇게 표현하기

→ 네 말은 앞뒤가 하나도 안 맞아서 **어불성설**이야.

→ 증거도 없는데 그런 주장은 **어불성설**이에요.

→ 상황 설명이 너무 엉뚱해서 **어불성설**로 들렸어요.

동문서답 東問西答

동쪽을[東] 묻는데[問] 서쪽을[西] 대답한다[答]

47

우리는 친구와 대화할 때, 때로는 질문에 맞지 않는 엉뚱한 대답을 들을 때가 있어요.

예를 들어 "오늘 숙제 했어?"라고 물었는데 "나 점심에 떡볶이 먹었어"라고 답한다면, 바로 그게 '동문서답'이에요.

'동쪽을 물었는데 서쪽을 답한다'는 뜻으로, 말이 서로 엇갈릴 때 쓰는 말이에요.

이런 상황은 피곤하거나 마음이 딴 데 있을 때 자주 일어나요. 혹은 일부러 말 돌리기 위해 일부러 동문서답을 하기도 해요. 하지만 친구와 제대로 소통하고 싶다면, 물음에 정확히 답하려는 태도가 필요해요.

상대방이 무슨 의도로 질문했는지를 잘 생각하고, 귀 기울여 들어야 해요. 그래야 서로 마음이 잘 통하고, 더 좋은 대화가 이어질 수 있어요.

동문서답은 때로는 재미있지만, 진심을 전하고 싶을 때는 조심해야 해요. 올바른 소통은 이해에서 시작된다는 걸 기억하면 좋겠어요.

가장 큰 소통의 문제는,

우리가 상대방의 말을 듣기 위해 듣지 않고,

대답하기 위해 듣는다는 것이다.

- 스티븐 코비 (Stephen R. Covey)

상대방의 질문을 제대로 듣지 않고, 자기 할 말만 준비할 때 생기는 오해를 말해요.
동문서답의 본질과 닿아 있어요.

東	問	西	答
동녘 동	물을 문	서녘 서	대답 답

이럴 때 이렇게 표현하기

→ 선생님이 숙제 했냐고 물었는데, 나는 **동문서답**으로 오늘 점심을 얘기했어요.

→ 엄마가 학교에서 어땠냐고 물었는데, 나는 **동문서답**으로 친구 이야기만 했어요.

→ 친구가 영화 추천을 물었는데, 나는 **동문서답**으로 주말 계획을 말했어요.

금시초문 今時初聞

이제야[今] 비로소[時] 처음[初] 듣는다[聞]

친구가 갑자기 "오늘 시험 본대"라고 말했을 때, "진짜? 나 처음 듣는데?"라고 놀랐던 적 있지 않나요? 이럴 때 쓸 수 있는 사자성어가 바로 '금시초문'이에요. '지금 이 순간 처음 듣는다'는 뜻이에요.

금시초문은 전혀 몰랐던 이야기를 들었을 때, 혹은 주변 모두가 알고 있는 사실을 자신만 모를 때 자주 쓰는 말이에요.

예를 들어 친구들이 다 아는 소식을 나만 몰랐다면 "헐, 난 금시초문인데?"라고 말할 수 있어요. 이 표현은 친구들끼리 가볍게 웃으며 쓸 수도 있고, 진지한 대화중에 정중하게 표현할 수도 있어요.

중요한 건, 금시초문이라고 말하기 전에 내가 정말 못 들은 건지, 그냥 무심코 넘겼던 건지를 스스로 돌아보는 거예요. 가끔은 관심을 기울이지 않아서 놓치는 정보도 있거든요.

금시초문은 듣는 자세와 태도의 중요성도 떠올리게 해주는 말이에요. 친구의 말을 귀 기울여 듣는 습관, 생각보다 더 중요해요.

새로운 사실을 들었을 때 놀라는 것은,

아직 배움에 열려 있다는 증거다.

- 알베르트 아인슈타인 (Albert Einstein)

전혀 모르던 사실을 처음 들었을 때의 반응이야말로,

열린 사고와 학습의 시작이 될 수 있다는 뜻이에요.

今	時	初	聞
이제 금	때 시	처음 초	들을 문

이럴 때 이렇게 표현하기

→ 그 소식은 정말 **금시초문**이라 깜짝 놀랐어요.

→ 시험이 내일이라는 말은 **금시초문**이에요.

→ 다들 알고 있었다니, 저만 **금시초문**이었네요.

일확천금 一攫千金

한 번[一] 움켜잡아[攫] 천금을[千][金] 얻는다

49

일확천금이란 '한 번 움켜잡아서 천금을 얻는다'는 뜻이에요.

말 그대로 큰돈을 한순간에 벌거나, 단번에 큰 성공을 거두는 걸 말할 때 쓰는 말이에요. 복권 당첨, 유튜브 대박, 주식 급등 같은 걸 떠올리면 이해하기 쉬울 거예요.

요즘엔 "한 방에 성공하고 싶다"는 생각을 가진 친구들도 많죠. 그런데 정말 중요한 건, 일확천금이 쉽게 찾아오는 기회는 아니라는 거예요. 눈앞의 성공만 바라보다가 더 중요한 노력과 성장을 놓치기도 해요.

갑작스러운 행운을 바라는 것보다, 차근차근 실력을 쌓는 게 더 확실한 성공의 길이에요. 만약 우연히 행운이 찾아오더라도, 그걸 지킬 수 있는 준비가 되어 있어야 해요.

그래서 일확천금이라는 말을 들으면, 단순히 '부럽다'고 생각하기보다는, '나는 어떤 실력을 준비하고 있지?'라고 생각해보면 좋겠어요.

운은 언젠가 올 수 있지만, 준비된 사람만이 그것을 기회로 만들 수 있거든요.

재산을 쌓는 데는 시간이 걸리지만,

그것을 잃는 데는 단 하루면 충분하다.

\- 존 D. 록펠러 (John D. Rockefeller)

성공과 재산이 시간과 노력으로 쌓이지만, 한순간의 실수로 잃을 수 있음을 경고해요.

순간적인 유혹보다 꾸준함과 책임감을 중요하게 여겨야 해요.

一	攫	千	金
한 일	붙잡을 확	일천 천	쇠 금

이럴 때 이렇게 표현하기

→ 그가 복권에 당첨됐다는 소식은 정말 **일확천금**이었어요.

→ 그 게임에서 아이템 한 번에 얻어서 **일확천금**처럼 느껴졌어.

→ 주식으로 갑자기 돈을 많이 벌었다고? 완전 **일확천금**이야!

피차일반 彼此一般

저쪽이나[彼] 이쪽이나[此] 일반적이다[一][般]

‘피차일반’은 ‘서로 처한 상황이 비슷하다’는 뜻이에요.

친구가 “요즘 너무 피곤해”라고 말할 때, “피차일반이지”라고 답하면, “나도 그래”라는 의미로 서로의 고단함을 공감하는 말이에요.

이 표현은 상대의 처지를 깎아내리거나 비교하는 게 아니라, 비슷한 상황에 놓여 있다는 걸 인정하며 마음을 나누는 말이에요.

예를 들어, 친구가 “시험 너무 어려웠어”라고 하면, “피차일반이야, 나도 망했어”처럼 서로 웃으며 위로할 수 있죠.

청소년 시기에는 학업, 친구, 가족 문제 등으로 고민이 많은데, 이 말 한마디가 “너만 그런 게 아니야, 나도 그래” 하는 따뜻한 위로가 될 수 있어요.

서로가 힘든 상황일수록 비교보다 공감이 더 중요해요. ‘피차일반’은 혼자만 힘든 게 아니라는 사실을 일깨워 주는 말이에요.

우리는 서로의 마음을 완전히 이해할 수는 없지만,

공감하려는 노력만으로도 함께할 수 있다.

– 칼 로저스(Carl Rogers)

우리는 서로 다르기에 완전한 이해는 어려워요.

하지만 공감하려는 마음만으로도 진심은 전해지고, 관계는 깊어져요.

彼	此	一	般
저 피	이 차	한 일	돌 반

이럴 때 이렇게 표현하기

→ 너도 피곤하지? 나도 **피차일반**이야.

→ 그 친구가 늦은 것도 문제지만, 나도 지각했으니 **피차일반**이야.

→ 서로 실수했으니 이건 그냥 **피차일반**인 걸로 하자.

피골상접 皮骨相接

피부와[皮] 뼈가[骨] 서로[相] 맞닿다[接]

피골상접은 '살과 뼈가 맞닿을 정도로 극도의 고통을 겪고 있다'는 뜻으로, 매우 힘들고 고통스러운 상황을 표현하는 말이에요.

이 표현은 몸과 마음이 모두 지쳐있는 상태를 나타낼 때 사용돼요.

예를 들어, 중요한 시험을 준비하면서 밤낮없이 공부해도 성과가 없을 때, 그 고통은 피골상접처럼 느껴질 수 있어요.

모든 사람들이 각자 힘든 시기를 겪어요. 그 시기가 너무 길어지고 지칠 때, 피골상접을 겪고 있다는 느낌이 들 수 있어요.

하지만 그런 어려움을 지나고 나면 성장과 발전을 이룰 수 있어요.

여러분도 힘들고 지칠 때, 그 순간을 이겨내면 더 강해지고 더 나은 사람으로 발전할 수 있다는 걸 기억하세요.

인내와 노력이 결국 여러분을 더 단단하게 만들 거예요. 지금은 힘들어도, 그 시간이 지나면 성장의 기회가 될 수 있다는 믿음을 가지세요.

위대한 성취는 위대한 고통을 동반한다.

모든 성공은 그만큼의 대가를 치러야 한다.

– 헤르만 헤세 (Hermann Hesse)

성공을 이루기 위한 과정에서 고통과 어려움은 필수적이에요.

이를 통해 우리는 성장하고, 그 대가로 더 큰 성취를 얻을 수 있는 거랍니다.

皮	骨	相	接
가죽 피	뼈 골	서로 상	이을 접

이럴 때 이렇게 표현하기

→ 시험 준비가 너무 힘들어서 **피골상접**인 상태예요.

→ 학교 숙제가 너무 벅차서 정말 **피골상접**할 정도였어요.

→ 연습이 너무 힘들어서 **피골상접**했지만, 결국 좋은 결과가 나왔어요.

박학다식 博學多識

널리[博] 배우고[學] 많이[多] 안다[識]

박학다식은 '넓고 깊은 지식과 많은 경험을 갖고 있다'는 뜻이에요.

이 표현은 많은 책을 읽고 다양한 분야에 대해 잘 알고 있는 사람을 칭찬할 때 사용해요.

예를 들어, 학교에서 선생님이나 친구가 다양한 주제에 대해 잘 알고 있고, 여러 가지 질문에 답을 잘 해주면 그 사람은 박학다식하다고 할 수 있어요.

박학다식은 하루아침에 이루어지는 것이 아니에요. 꾸준한 학습과 노력이 필요해요. 책을 읽고, 다양한 경험을 쌓으면서 점차 지식을 넓히고 깊이를 더하는 과정이 중요해요.

그래서 박학다식은 단지 많은 정보를 아는 것뿐만 아니라, 그것을 적절하게 활용할 수 있는 능력도 함께 요구해요.

다양한 분야에 대해 잘 알게 되면, 문제를 해결하거나 새로운 아이디어를 떠올리는 데 많은 도움이 돼요.

박학다식을 목표로 꾸준히 공부하고 경험을 쌓는다면, 나중에 더 큰 성취를 이룰 수 있을 거예요.

많이 읽고, 넓게 보고, 깊게 생각하라.

- 프랜시스 베이컨 (Francis Bacon)

지식은 넓게 보고 깊이 생각할 때 진짜 힘이 돼요.
꾸준히 읽고 생각하는 습관이 박학다식한 사람으로 가는 길이에요.

博	學	多	識
넓을 박	배울 학	많을 다	알 식

이럴 때 이렇게 표현하기

→ 지민이는 역사부터 과학까지 모르는 게 없을 정도로 **박학다식**해요.

→ 선생님은 어떤 질문을 해도 다 아시는 정말 **박학다식**한 분이에요.

→ 다양한 책을 읽다 보면 나도 언젠가 **박학다식**한 사람이 될 수 있어요.

권토중래 捲土重來

흙을[土] 말아[捲] 다시[重] 온다[來]

53

권토중래는 "흙먼지를 말아 올리며 다시 돌아온다"는 뜻이에요.

예전에 전쟁에서 패했던 장수가 흙먼지를 일으키며 다시 싸우러 왔다는 고사에서 나온 말로, 실패를 딛고 다시 도전하는 태도를 의미해요.

청소년 시절엔 시험에 떨어지기도 하고, 친구와의 관계가 어긋나기도 해요. 어떤 도전은 결과가 좋지 않을 수도 있어요.

하지만 그건 끝이 아니에요. 그 실패가 나를 더 강하게 만들어주는 경험이 될 수 있어요.

예를 들어, 수학 경시대회에서 떨어졌다고 포기하는 대신, 틀린 문제를 복습하고 더 열심히 준비하면 다음엔 좋은 결과가 따라올 수 있어요. 그게 바로 권토중래의 정신이에요.

넘어졌을 땐 주저앉는 것보다, 다시 일어나 걷는 것이 더 멋있어요. 누구나 실수할 수 있지만, 진짜 멋진 사람은 다시 일어설 줄 아는 사람이에요.

실패에 주눅 들지 말고, 권토중래의 마음으로 다시 도전해보세요. 여러분의 재도전이 곧 성공의 시작이 될 거예요.

성공이 영원한 것도, 실패가 치명적인 것도 아니다.

중요한 건 계속해나가는 용기이다.

– 윈스턴 처칠 (Winston S. Churchill)

성공과 실패는 잠깐일 뿐, 끝까지 도전하는 용기가 진짜예요.

여러분은 결과보다 꾸준한 용기를 마음에 새겨야 해요.

捲	土	重	來
말 권	흙 토	무거울 중	올 래

이럴 때 이렇게 표현하기

→ 시험에서 떨어졌지만, **권토중래**의 마음으로 다시 도전할 거예요.

→ 첫 무대는 실수했지만, 다음엔 **권토중래**로 완벽하게 보여줄게요.

→ 이번에는 실패했지만, **권토중래** 정신으로 다시 준비하고 있어요.

전화위복 轉禍爲福

화가[禍] 바뀌어[轉] 복이[福] 된다[爲]

54

살다 보면 예상하지 못한 어려움이나 실수를 겪을 때가 있어요. 그 순간에는 힘들고 괴롭지만, 나중에 보면 오히려 그 일이 나에게 좋은 방향으로 작용한 경우가 종종 있지요.

이런 상황을 표현할 때 쓰는 말이 바로 '전화위복'이에요. 즉, '화(禍)를 전하여 복(福)으로 바꾼다'는 뜻으로, 나쁜 일이 오히려 좋은 결과로 바뀔 수 있다는 말이에요.

예를 들어, 시험을 망쳐서 진로를 다시 고민하게 되었는데, 그 과정에서 더 자신에게 맞는 길을 찾게 되었다면 그것이 바로 전화위복이에요.

또 친구와의 오해로 멀어졌지만, 그 덕분에 진짜 내 마음을 더 잘 알게 되고 관계가 깊어진다면 그것도 전화위복이지요.

전화위복은 "지금 힘든 일이 나중엔 좋은 일이 될 수도 있다"는 희망을 주는 말이에요.

실수나 실패에 너무 낙심하지 말고, 그 안에서 배우고 성장하려는 태도를 가져보세요. 언젠가 그 일이 전화위복이 되어 돌아올 수도 있으니까요.

모든 것이 당신에게 불리하게 느껴진다면,

비행기가 바람을 거슬러 떠오른다는 사실을 기억하세요.

- 헨리 포드 (Henry Ford)

모든 것이 나쁘게만 느껴질 때, 항공기가 바람을 거슬러 떠오르듯

우리도 어려움을 극복하며 성장할 수 있어요.

轉	禍	爲	福
구름 전	재난 화	할 위	복 복

이럴 때 이렇게 표현하기

→ 실수 덕분에 더 나은 방법을 알게 되어 **전화위복**이었어요.

→ 어려운 상황 덕분에 새로운 기회를 얻어 **전화위복**이었어요.

→ 길을 잃었지만, 그 덕분에 멋진 장소를 발견해서 **전화위복**이었어요.

사필귀정 事必歸正

일은[事] 반드시[必] 올바름으로[正] 돌아간다[歸]

사필귀정은 "모든 일은 결국 바른 길로 돌아간다"는 뜻이에요.

이 말은 세상이 아무리 어지럽고 혼란스러워 보여도, 시간이 지나면 모든 일이 제대로 풀리고, 정의가 승리한다는 의미를 담고 있어요.

우리가 살아가면서 겪는 고난이나 어려움은 때로 불공평하게 느껴질 수 있어요.

하지만 결국엔 진실과 정의가 살아남고, 모든 일은 올바른 방향으로 해결된다는 교훈을 주고 있어요.

예를 들어, 친구들 사이에서 오해가 생기고, 한 명이 잘못된 행동을 하더라도, 시간이 지나면 그 사람이 반성하고 올바른 길로 돌아가는 상황에서 사용할 수 있어요.

또는 사회적으로 불공평한 일이 있을 때, "사필귀정"을 떠올리며, 언젠가는 정의가 실현될 거라는 믿음을 가질 수 있어요.

우리가 살아가는 세상은 언제나 변화무쌍하지만, "사필귀정"처럼 모든 일이 결국 올바른 결말로 돌아간다는 믿음을 갖는다면 어려운 상황 속에서도 희망을 잃지 않을 수 있어요.

시련과 역경은 일시적이지만, 정의와 진리는 영원하다.

– 마하트마 간디 (Mahatma Gandhi)

시련과 역경은 잠깐이지만, 정의와 진리는 결국 승리한다는 말이에요.
우리는 어려움을 겪더라도 진실과 정의를 믿고 꾸준히 나아가야 해요.

事	必	歸	正
일 사	반드시 필	돌아갈 귀	바를 정

이럴 때 이렇게 표현하기

→ 친구가 힘든 시간을 겪었지만, 결국 **사필귀정**처럼 모든 일이 잘 해결됐어요.

→ 시험에서 실패했지만, 열심히 공부하면 **사필귀정**으로 좋은 결과가 있을 거예요.

→ 불공평한 상황에서도 끝까지 노력하면 **사필귀정**처럼 결국 올바른 결과가 나와요.

새옹지마 塞翁之馬

변방에[塞] 사는 늙은이의[翁][之] 말[馬]

56

살다 보면 좋은 일 같았던 일이 나중엔 슬픈 일이 되고, 나쁜 일 같았던 일이 오히려 좋은 결과로 이어지는 경우가 있어요. 이런 인생의 예측할 수 없는 흐름을 표현하는 말이 바로 '새옹지마'예요.

이 말은 국경 근처에 사는 한 노인의 말이 도망갔다가 더 좋은 말과 함께 돌아왔지만, 그 말 때문에 아들이 다치는 일이 생겼고, 그 다친 덕분에 전쟁에 끌려가지 않았다는 고사에서 유래한 말이에요.

청소년 시기에는 시험에 떨어지거나 친구와 다투는 일처럼 속상한 순간들이 많을 수 있어요. 하지만 그 일들이 꼭 나쁜 것만은 아닐 수 있어요. 오히려 새로운 기회로 이어질 수도 있답니다.

인생의 결과는 당장 알 수 없으니, 너무 조급해하지 말고 묵묵히 자신을 믿고 하루하루 최선을 다해보세요. 언젠가는 지금의 일이 어떤 의미였는지 알게 되는 날이 올 거예요.

운명은 예측할 수 없고,

때로는 우리가 피하려던 것이 우리를 구해준다.

– 파울로 코엘료 (Paulo Coelho)

피하려던 일이 오히려 나를 구할 수도 있다는 말이에요.

모든 일을 열린 마음으로 받아들이는 태도가 필요해요.

塞	翁	之	馬
변방 새	늙은이 옹	갈 지	말 마

이럴 때 이렇게 표현하기

→ 처음에 실패한 것 같았지만, **새옹지마**처럼 결국 좋은 결과가 나왔어요.

→ 그때는 힘들었지만, **새옹지마**처럼 결국 뜻밖의 기회가 생겼어요.

→ 너의 실수가 오히려 좋은 경험이 될 수 있다는 **새옹지마**의 교훈을 기억해!

사면초가 四面楚歌

사방이[四][面] 초나라의[楚] 노래[歌]

사면초가라는 말은 '네 방향이 모두 적의 군대에 둘러싸여 있다는 뜻'
이에요. 이 표현은 중국 고대 역사에서 유래했는데, 한 나라가 다른 나라
에 의해 포위되어 절체절명의 상황에 빠졌을 때 사용되었어요.

이 표현은 우리가 정말 어려운 상황에 처했을 때, 모든 방법이 통하지
않고, 아무도 도와주지 않는 상태를 나타내요.

예를 들어, 갈등이나 문제에서 벗어날 방법이 보이지 않거나, 여러 문
제가 한꺼번에 생겨서 해결할 수 없는 상황에 처했을 때 사용해요.

하지만 사면초가에 빠졌다고 느낄 때일수록 포기하지 않고 해결책을
찾으려는 노력이 중요해요. 어려운 상황에서도 꾸준히 노력하면 결국 해
답을 찾을 수 있다는 것을 기억하세요.

결국 '사면초가'는 위기 상황에 처했을 때, 그 상황을 극복하기 위한
지혜와 용기를 잃지 말아야 한다는 중요한 교훈을 주는 말이에요.

어두운 터널을 지나면 반드시 빛이 있다.

가장 힘든 시점에서 희망을 잃지 않고

그 길을 걸어갈 때, 결국 빛을 찾게 된다.

- 마틴 루터 킹 주니어 (Martin Luther King Jr.)

어두운 터널을 지나면 빛이 온다는 말은, 힘든 순간에도 희망을 잃지 않고
계속 노력하면 결국 빛을 볼 수 있다는 말이에요.

四	面	楚	歌
넉 사	낯 면	초나라 초	노래 가

이럴 때 이렇게 표현하기

→ 시험 준비에 지쳐서 **사면초가**처럼 느껴졌어요.

→ 친구들과의 갈등으로 **사면초가**에 빠졌어요.

→ 여러 과제가 겹쳐서 **사면초가** 같은 상황이었어요.

마이동풍 馬耳東風

말의[馬] 귀에[耳] 부는 동쪽[東] 바람[風]

마이동풍은 말의 귀에 동풍이 스쳐 지나가듯, 아무리 좋은 말이나 충고도 전혀 귀담아듣지 않는 태도를 말해요.

청소년 시기에는 친구나 부모님, 선생님의 말이 잔소리처럼 느껴질 수 있어요.

하지만 그 말들이 모두 마이동풍처럼 흘려보낼 만한 것만은 아니에요. 때로는 나를 진심으로 걱정하는 마음에서 나온 말일 수도 있거든요.

마이동풍이라는 말은 주로 누군가의 조언이나 충고를 무시할 때 사용돼요.

예를 들어, 친구가 계속 시험공부를 미루고 있을 때 옆에서 아무리 이야기해줘도 들은 척도 하지 않으면, "완전 마이동풍이네!" 하고 말할 수 있어요.

물론, 모든 말을 다 받아들일 필요는 없지만, 나에게 도움이 되는 말인지 한 번쯤 생각해보는 자세는 꼭 필요해요.

결국 내가 성장하기 위해선 진심 어린 말에 귀 기울이는 태도가 중요하다는 걸 기억해요.

지혜로운 사람은 충고가 필요 없고,

어리석은 사람은 충고를 받아들이지 않는다.

- 벤저민 프랭클린 (Benjamin Franklin)

진짜 지혜로운 사람은 이미 삶에서 배운 교훈을 실천하고 있어 충고가 필요 없어요.

하지만 어리석은 사람은 들을 마음이 없어, 어떤 좋은 말도 헛되이 흘러가요.

馬	耳	東	風
말 마	귀 이	동녘 동	바람 풍

이럴 때 이렇게 표현하기

→ 선생님 말씀이 너무 좋은데, 친구는 **마이동풍**처럼 듣고만 있었어요.

→ 아무리 조언해도 **마이동풍**이라서 도와주기가 힘들어요.

→ 부모님 말씀이 늘 옳은데도, 요즘은 **마이동풍**처럼 흘려듣게 돼요.

유구무언 有口無言

입은[有] 있으나[口] 할 말이[言] 없다[無]

유구무언은 한자로 입은 있어도 말이 없다는 뜻이에요. 즉, 하고 싶은 말이 있어도 부끄럽거나 잘못이 명확해서 아무 말도 못하게 되는 상황을 말해요.

누군가에게 잘못을 했을 때, 변명조차 할 수 없을 만큼 떳떳하지 못한 순간에 쓰는 말이에요.

예를 들어, 친구와의 약속을 잊고 아무 연락도 없이 늦었을 때, 친구가 화난 얼굴로 묻는다면 그 앞에서 우리는 '유구무언'이 될 수 있어요.

말할 입은 있지만, 내 잘못이 분명하니까 무슨 말도 꺼내기 어려운 거죠.

이 말은 단순히 입이 무겁다는 뜻이 아니라, 자기 행동에 책임을 지지 못해 말문이 막힌 상황을 표현할 때 적절해요.

그래서 우리는 유구무언의 상황이 되지 않도록 미리 성실하고 책임감 있게 행동해야 해요.

실수는 누구나 할 수 있지만, 그 실수에 대해 진심으로 사과하고 책임지려는 태도가 중요하답니다. 그러면 유구무언이 아닌, 마음을 전하는 말이 자연스럽게 나올 거예요.

침묵은 금이다.

하지만 때로는 말이 필요한 순간도 있다.

말할 때가 아닌 때는 말을 아껴야 한다.

- 소크라테스 (Socrates)

'침묵은 금이다'는 말을 아끼고 신중하라는 의미예요.

하지만 때로는 말을 통해 생각을 전하는 것이 중요하다는 점도 기억해야 해요.

有	口	無	言
있을 유	입 구	없을 무	말씀 언

이럴 때 이렇게 표현하기

→ 친구가 너무 심한 농담을 해서 **유구무언**이 되었어요.

→ 선생님의 질문에 **유구무언**으로 앉아 있을 수밖에 없었어요.

→ 그가 잘못을 인정하지 않아 **유구무언**으로 대답할 수밖에 없었어요.

설왕설래 說往說來

말을[說] 주거니[往] 말을[說] 받거니[來] 함

설왕설래는 말이 오가고 또 오간다는 뜻이에요. 누군가가 어떤 이야기를 하면, 또 다른 누군가가 반박하거나 덧붙이며 이야기가 계속 이어지는 상황을 말해요. 특히 여러 사람이 각자의 생각을 말하면서 의견이 엇갈릴 때, 이 말을 자주 써요.

우리도 친구들끼리 토론할 때나 어떤 일에 대한 입장이 다를 때 설왕설래하는 경우가 많아요.

예를 들어, 반에서 소풍 장소를 정할 때, 바다로 가자고 하는 친구와 산으로 가자고 하는 친구가 각자 자기 입장을 말하면, 말이 길어지고 상황이 복잡해져요.

이럴 때 "요즘 우리 반 소풍 얘기로 설왕설래가 이어지고 있어요"라고 표현할 수 있지요.

하지만 설왕설래는 꼭 나쁜 것만은 아니에요. 서로의 생각을 솔직하게 주고받는 과정이기 때문이에요. 다만 감정적으로 흘러가지 않도록 주의해야 해요. 의견이 다르더라도 상대의 말을 경청하고, 차분하게 대화하면 더 좋은 결과를 얻을 수 있어요.

말이 많으면 오히려 진심이 가려지고,

침묵 속에서 마음이 더 잘 들린다.

- 랄프 왈도 에머슨 (Ralph Waldo Emerson)

진심은 말의 양보다 깊이에 담겨 있어요.

때로는 침묵이 가장 진실한 마음을 전해준다는 걸 기억해요.

說	往	說	來
말씀 설	갈 왕	말씀 설	올 래

이럴 때 이렇게 표현하기

→ 친구들끼리 누구 말이 맞는지 **설왕설래**하며 시간이 훌쩍 갔어요.

→ 회의 시간에 의견이 갈려 **설왕설래**가 이어졌어요.

→ 점심 메뉴를 두고도 **설왕설래**하는 우리 반, 결론은 늘 분식이에요.

이구동성 異口同聲

입은[口] 다르지만[異] 같은[同] 소리를[聲] 냄

이구동성이라는 말은, 말 그대로 '입은 다르지만 소리는 같다'는 뜻이에요. 즉, 여러 사람이 똑같은 의견이나 말을 할 때 사용하는 표현이에요.

친구들과 같은 생각을 했거나, 모두가 한 목소리로 무언가를 외칠 때 쓰기 좋아요.

예를 들어, 반 친구 모두가 소풍 장소로 놀이공원을 가고 싶다고 할 때, "우리는 이구동성으로 놀이공원을 외쳤어요!"라고 말할 수 있어요.

이처럼 이구동성은 서로 다른 사람들이 같은 의견을 내며 마음이 하나가 되었음을 나타내는 좋은 표현이에요.

우리 사회도, 우리 교실도 서로 의견이 다를 수 있지만, 중요한 순간에 이구동성으로 뭉친다면 더 멋진 결과를 만들 수 있어요.

청소년 시기에는 서로 다른 생각도 많지만, 때로는 하나 되어 말할 줄 아는 힘이 필요해요. 이구동성의 힘은 바로 그 '함께'에 있어요.

서로 다른 목소리가 조화를 이룰 때,

가장 아름다운 화음이 탄생한다.

- 라이너 마리아 릴케 (Rainer Maria Rilke)

서로 다른 목소리가 조화를 이루면 더 큰 아름다움이 탄생한다는 의미예요.
차이를 존중하며 함께 힘을 모으면 더 멋진 결과를 이룰 수 있어요.

異	口	同	聲
다를 이(리)	입 구	한가지 동	소리 성

이럴 때 이렇게 표현하기

→ 친구들 모두 **이구동성**으로 그 영화를 추천했어요.

→ 선생님께서 중요한 시험에 대해 **이구동성**으로 설명하셨습니다.

→ 팀원들이 **이구동성**으로 프로젝트에 대한 아이디어를 공유했어요.

도청도설 道聽塗說

길에서[道] 듣고[聽] 길에서[塗] 말한다[說]

62

도청도설이라는 말은 '길에서 들은 말을 곧장 길에서 말한다'는 뜻이에요. 다시 말해, 어디선가 어설프게 들은 이야기를 확인도 하지 않고 다른 사람에게 옮기는 것을 말해요.

청소년 시기에는 친구들과 많은 대화를 나누게 되고, 자연스럽게 소문이나 이야기도 자주 접하게 돼요.

하지만 들은 이야기를 곧바로 옮기기보다는 한 번 더 생각해보는 게 중요해요.

이 말이 진짜인지, 누군가에게 해가 되진 않을지, 그리고 내가 정말 말해야 할 이유가 있는지 스스로에게 물어보는 거예요.

남의 이야기를 가볍게 옮기는 행동은 오해와 갈등을 만들고, 나의 신뢰도 잃게 만들 수 있어요. 말 한마디가 누군가의 마음에 깊은 상처가 될 수도 있다는 사실을 잊지 말아야 해요.

누군가에 대한 이야기를 들었을 때는 바로 말하기보다, 조용히 생각하고, 사실인지 판단해보는 습관을 가져보세요.

소문은 혐오하는 자가 옮기고,

어리석은 자가 퍼뜨리며, 바보가 믿는다.

- 지아드 K. 압델누어 (Ziad K. Abdelnour)

소문은 쉽게 퍼지지만, 진실은 깊이 생각해야 알 수 있어요.

들을 때는 분별하고, 말할 때는 책임을 가져야 해요.

道	聽	塗	說
길 도	들을 청	길 도	말씀 설

이럴 때 이렇게 표현하기

→ **도청도설**을 믿고 친구한테 괜히 화냈어요.

→ 그건 그냥 **도청도설**이니까 너무 신경 쓰지 마.

→ **도청도설**에 휘둘리지 말고 직접 확인해봐야 해요.

언어도단 言語道斷

말이[言][語] 길이[道] 끊어진다[斷]

언어도단이라는 말은 글자 그대로 해석하면 "말이 끊긴다"는 뜻이에요. 즉, 너무 황당하고 어처구니없어서 말로는 도저히 표현할 수 없을 때 쓰는 말이에요.

예를 들어, 누군가 상식 밖의 행동을 하거나 믿을 수 없는 일이 벌어졌을 때 "이건 언어도단이야!"라고 말하곤 해요.

청소년 여러분도 일상에서 이런 상황을 겪을 수 있어요. 친구 사이에 신뢰를 완전히 저버리는 행동을 봤을 때, 또는 뉴스에서 도저히 이해할 수 없는 범죄를 접했을 때, 이런 말이 떠오를 수 있어요.

"이건 말도 안 돼!"라고 느껴질 때, 바로 그 순간이 언어도단이에요.

하지만 이 말을 사용할 땐 감정에 휩쓸리지 않고 상황을 정확히 이해하려는 태도도 함께 필요해요.

너무 쉽게 "말도 안 돼!"라고 단정 짓기보다는, 왜 그런 일이 일어났는지를 알아보려는 자세도 중요하답니다.

세상에는 설명할 수도 없고 이해할 수도 없는 일이 있다.

그런 순간엔 이해하려 하지 말고 지나가라.

- 파울로 코엘료 (Paulo Coelho)

세상에는 이성으로는 다 헤아릴 수 없는 일이 있어요.

그럴 땐 억지로 이해하려 하기보다 받아들이고 흘려보내는 지혜가 필요해요.

言	語	道	斷
말씀 언	말씀 어	길 도	끊을 단

이럴 때 이렇게 표현하기

→ 친구의 배신은 정말 **언어도단**이라 말할 수밖에 없었어요.

→ 그런 거짓말을 아무렇지 않게 하는 건 **언어도단**이에요.

→ 상식 밖의 행동에 모두가 **언어도단**이라며 고개를 저었어요.

백골난망 白骨難忘

백골이[白][骨] 되어도 잊기[忘] 어렵다[難]

백골난망이라는 말은, "뼈가 희게 썩어 없어져도 그 은혜를 잊을 수 없다"는 뜻이에요. 쉽게 말하면, 죽어서 백골이 되어도 고마운 마음은 결코 잊지 못한다는 말이에요.

이 말은 특히 누군가에게 큰 은혜를 받았을 때, 그 고마움을 깊이 새기고 오래도록 기억해야 한다는 의미로 쓰여요.

예를 들어, 힘들고 외로울 때 친구가 끝까지 곁을 지켜줬거나, 선생님이나 부모님이 진심으로 도와줬을 때, 그 은혜는 시간이 지나도 마음속에 오래 남게 되죠.

이럴 때 "정말 백골난망이에요"라고 표현하면, 그 고마움을 진심으로 잊지 않겠다는 뜻이 돼요.

요즘처럼 바쁘고 각박한 세상에서도, 진심 어린 감사의 마음을 잊지 않고 표현하는 사람은 어디에서나 사랑받아요.

은혜를 잊지 않는 마음, 그것이 바로 멋진 어른이 되는 첫걸음이에요.

우리가 받은 은혜는 말로 다 할 수 없을 만큼 크고,

그 은혜를 갚기 위해서는 살아있는 동안

온 마음을 다해 보답해야 한다.

- 에픽테토스 (Epictetus)

받은 은혜는 말로 다 할 수 없을 정도로 크며, 그에 대한 보답은 평생 실천으로 이어져야 해요.
은혜를 잊지 않고 행동으로 감사하는 것이 중요해요.

白	骨	難	忘
흰 백	뼈 골	어려울 난(란)	잊을 망

이럴 때 이렇게 표현하기

→ 그가 나에게 준 도움은 **백골난망**이라, 평생 잊지 못할 것이다.

→ 선생님의 가르침에 대한 감사는 **백골난망**이라, 어떤 말로도 표현할 수 없다.

→ 부모님의 사랑은 **백골난망**이라, 그 은혜를 다 갚을 수 있을지 모르겠다.

순망치한 脣亡齒寒

입술이[脣] 없으면[亡] 이가[齒] 시리다[寒]

순망치한은 "입술이 없으면 이가 시리다"는 뜻이에요.

이 표현은 두 가지가 서로 아주 깊게 연결되어 있다는 의미를 담고 있어요. 하나가 없으면 다른 것도 함께 영향을 받는다는 말이죠.

이 말은 친구, 가족, 이웃처럼 서로 의지하며 살아가는 관계에서 자주 쓰여요.

예를 들어, 팀 활동에서 한 사람이 빠지면 전체 분위기나 결과에도 영향을 주는 경우가 있죠. 그럴 때 순망치한이라는 말이 잘 어울려요.

청소년 시기에는 혼자보다 함께하는 일이 많기 때문에, 누군가를 배려하고 함께 지켜나가는 마음이 중요하답니다.

누군가 어려움에 처했을 때 모른 척하지 않고 손 내미는 것, 그것이 바로 우리 모두를 지키는 길이라는 걸 이 말이 조용히 알려주고 있어요.

순망치한 脣亡齒寒

우리는 모두 거대한 그물망의 실과 같아서,

한 줄이 끊어지면 전체 구조가 흔들린다.

- 마틴 루터 킹 주니어 (Martin Luther King Jr)

이 말은 우리가 서로 연결되어 있음을 알려줘요. 하나라도 빠지면 모두가 영향을 받으니,

함께 협력해야 한다는 메시지를 담고 있어요.

脣	亡	齒	寒
입술 순	잃을 망	이 치	찰 한

이럴 때 이렇게 표현하기

→ 네 도움이 없으니 일이 잘 안 돼. 정말 **순망치한**이라는 말이 떠올라.

→ 서로 의지하며 살아야 해. **순망치한**처럼 하나가 없으면 다 무너질 수 있어.

→ **순망치한** 같아서 형이 힘들어하니 나도 마음이 불편해.

설상가상 雪上加霜

눈[雪] 위에[上] 서리까지[霜] 더하다[加]

살다 보면 일이 뜻대로 풀리지 않을 때가 있어요.

그럴 때 또 다른 어려움까지 겹치면 정말 속상하고 힘들죠. 이런 상황을 딱 표현해 주는 말이 바로 '설상가상'이에요.

눈 위에 서리가 더해졌다는 뜻인데요, 이미 추운데 서리까지 내리면 더 춥잖아요? 즉, 안 좋은 일에 안 좋은 일이 더 겹치는 상황을 말해요.

예를 들어, 시험 준비를 열심히 했는데 시험 당일에 감기까지 걸렸다면, 그건 정말 설상가상이겠죠.

또는 친구와 다퉜는데 그날 지갑까지 잃어버렸다면, 그 역시 설상가상이 될 거예요.

하지만 이 사자성어는 단지 불운을 표현하는 데서 그치지 않아요. 힘든 상황이 겹칠수록 더 단단해질 기회가 될 수 있음을 알려주기도 해요.

삶에는 누구에게나 설상가상 같은 날이 있어요. 그런 날일수록 스스로를 토닥이고, 주변 친구들의 위로도 나누면서 마음을 다잡는 연습을 해 보세요.

그렇게 우리는 조금씩 성장해 가는 거예요.

삶은 때로 넘어지는 사람에게 또 다른 시련을 안겨준다.

그러나 그 무게가 크다는 건, 그만큼 배움도 깊다는 뜻이다.

- 칼릴 지브란 (Kahlil Gibran)

어려움이 겹쳐 올수록 우리가 더 깊은 성찰과 성장을 할 수 있어요. 시련은 고통스럽지만, 내면이 단단해지는 기회가 될 수 있음을 알아야 해요.

雪	上	加	霜
눈 설	위 상	더할 가	서리 상

이럴 때 이렇게 표현하기

→ 시험에 떨어졌는데, 비까지 와서 정말 **설상가상**이에요.

→ 이미 지각했는데 버스까지 고장 나서 **설상가상**이었어요.

→ 중요한 발표가 있었는데 컴퓨터까지 고장 나서 **설상가상**이었어요.

수서양단 首鼠兩端

머리를[首] 내밀고 양쪽[兩] 끝에[端] 있는 쥐[鼠]

수서양단이라는 표현은 말 그대로 "머리가 두 쪽에 걸쳐 있다"는 뜻이에요. 이 말은 한 가지 일을 결정해야 할 때, 두 가지 선택지 사이에서 마음이 갈팡질팡하고, 쉽게 결정을 내리지 못하는 상황을 의미해요.

고양이가 쥐를 잡으려고 할 때, 한 쪽 머리를 내밀고 다른 쪽으로도 주의를 기울이듯, 한 가지 일을 결정하기 어려운 상황을 비유하는 말이에요.

예를 들어, 친구와 함께 여행을 가려고 하는데, 두 가지 다른 장소를 고르기가 어려울 때 "나는 지금 수서양단이야"라고 말할 수 있어요.

또 다른 예로는 중요한 시험 준비를 해야 하는데, 여러 과목 중 어느 과목을 먼저 할지 고민하고 있을 때도 수서양단이 될 수 있어요.

하지만 이런 상황을 지나면서 하나를 선택하고, 그것에 집중하는 것이 중요해요. 한 가지 선택을 하더라도 후회하지 않고 그 선택에 최선을 다하는 것이 중요하답니다.

결국 어떤 선택을 하든, 그 선택을 통해 더 성장할 수 있다는 걸 기억하는 게 중요해요.

그 누구도 두 마리 토끼를 동시에 잡을 수 없다.

선택은 언제나 하나를 요구하며, 그 선택을 내려야만 한다.

- 장-자크 루소 (Jean-Jacques Rousseau)

이 말은 한 번에 모든 것을 얻을 수 없다는 것을 말해요.

선택을 하고 그 선택에 집중하는 것이 중요해요.

首	鼠	兩	端
머리 수	쥐 서	두 량	끝 단

이럴 때 이렇게 표현하기

→ 진로를 결정해야 하는데, **수서양단**이라 결정을 못 내리고 있어요.

→ 두 개의 대학 중 어디를 갈지 고민이 많아서 지금 **수서양단**이에요.

→ 여행지 고르는데, 아직도 **수서양단**이라 선택을 못 하고 있어요.

누란지위 累卵之危

쌓아[累] 올린 알의[卵][之] 위태로움[危]

누란지위는 말 그대로 '달걀이 쌓여 있는 위태로운 상태'를 뜻해요. 달걀을 쌓아놓으면, 조금만 부딪혀도 깨지기 쉽고, 언제든지 위험에 처할 수 있다는 의미예요.

그렇기 때문에 '누란지위'는 아주 예민한 상황이나, 작은 실수로 큰 일이 일어날 수 있는 위험한 상태를 가리킬 때 쓰여요.

예를 들어, 중요한 발표를 앞두고 여러 가지 일을 동시에 처리해야 할 때, 우리는 "지금은 누란지위예요"라고 말할 수 있어요.

모든 것이 잘못되면 큰 문제가 될 수 있기 때문에 더욱 신중하게 행동해야 하는 상황이에요.

이렇게 누란지위는 우리가 일상에서 경험하는 여러 가지 불안하고 위태로운 순간들을 잘 표현할 수 있는 말이에요.

그러므로 중요한 결정을 내릴 때, 충분한 준비와 신중함이 필요하다는 것을 기억해야 해요. 작은 실수도 큰 결과를 초래할 수 있다는 점을 항상 염두에 두고 행동하는 것이 중요해요.

인생은 마치 얇은 얼음 위를 걷는 것과 같다.

조심하지 않으면 한순간에 빠질 수 있다.

- 헨리 데이비드 소로 (Henry David Thoreau)

인생이 생각보다 훨씬 불안정하고 예민할 수 있어요.

작은 방심도 큰 위기로 이어질 수 있으니, 매 순간을 조심하고 신중하게 살아야 해요.

累	卵	之	危
여러 누(루)	알 란	갈 지	위태할 위

이럴 때 이렇게 표현하기

→ 우리 팀은 지금 **누란지위**의 상황이니, 실수하면 안 돼요.

→ 시험 전날에 컴퓨터가 고장 나서 완전 **누란지위**였어요.

→ 친구와의 관계가 지금 **누란지위**라서 말 한마디도 조심하고 있어요.

확고부동 確固不動

확실하고[確] 굳건하여[固] 움직이지[動] 않음[不]

확고부동이라는 말은 "마음이나 태도가 아주 단단해서 흔들리지 않는다"는 뜻이에요.

'확고하다'는 건 생각이 분명하고 단단하다는 뜻이고, '부동'은 어떤 상황에서도 움직이지 않음을 의미해요.

그래서 확고부동은 흔들림 없이 자신의 신념이나 목표를 지켜나가는 사람의 태도를 말해요.

요즘 흔히 겪는 친구 관계, 진로 고민, 시험 스트레스 속에서도 우리는 종종 흔들려요. 친구가 말한 한마디에 내 생각이 흔들리고, 다른 사람과 비교하면서 나를 의심하게 되기도 해요.

하지만 이런 때일수록 '확고부동'한 마음이 필요해요. 내가 원하는 방향이 무엇인지, 내가 진짜 소중하게 여기는 게 뭔지 분명하게 아는 것, 그리고 그 길을 쉽게 포기하지 않고 꾸준히 걸어가는 것, 그것이 바로 확고부동이에요.

세상은 늘 변하고, 사람들의 말도 계속 바뀌지만, 자기 안의 중심을 잃지 않고 살아가는 것이 결국 가장 멋진 힘이라는 걸 기억했으면 해요.

자신의 신념을 지키는 사람은,

열 명의 단순한 의견보다 더 큰 힘을 발휘한다.

– 존 스튜어트 밀 (John Stuart Mill)

자기 신념을 지키는 사람은 흔들리지 않고 중심을 잡아요.

깊은 생각은 수많은 말보다 더 큰 힘이 있어요.

確	固	不	動
굳을 확	굳을 고	아닐 부	움직일 동

이럴 때 이렇게 표현하기

→ 그는 비난 속에서도 **확고부동**한 태도를 유지했어요.

→ 친구들은 흔들려도 나는 **확고부동**하게 내 길을 갔어요.

→ 그녀의 결심은 **확고부동**해서 누구도 바꿀 수 없었어요.

진퇴양난 進退兩難

나아가기도[進] 물러나기도[退] 둘 다[兩] 어렵다[難]

진퇴양난은 '나아가기도 물러설 수도 없는 어려운 상황'을 뜻하는 말이에요.

즉, 어떤 선택을 해도 상황이 어렵거나, 어떤 길을 가도 해결이 힘든 상황일 때 표현해요.

예를 들어, 학교에서 중요한 시험을 앞두고 친구와 갈등을 겪거나, 진로를 선택해야 하는 시점에 두 가지 길 모두 마음에 드는 경우가 있어요.

이럴 때 우리는 진퇴양난에 빠질 수 있어요. 둘 중 하나를 선택해야 하지만, 어느 쪽이든 결정을 내리기가 어려운 상황이에요.

그럴 때 중요한 건, 완벽한 답이 없을 때도 한 걸음씩 나아가는 용기예요.

어떤 선택을 하더라도 후회하지 않도록 최선을 다하고, 그 선택에서 배울 점을 찾는 것이 중요해요.

결국 자신이 선택한 길에서 배우고 성장하는 것이 가장 큰 가치예요. 여러분이 맞닥뜨리는 어려운 선택도 결국 성장의 기회가 될 거예요.

때로는 두 개의 길이 모두 옳고,

때로는 두 개의 길이 모두 틀리다.

중요한 것은 그 길에서 배우고 나아가는 것이다.

- 마야 안젤루 (Maya Angelou)

선택이 어려워도, 중요한 것은 그 선택을 통해 배우고 성장하는 것이라는 의미예요.

어떤 길을 가도 배우는 과정이 중요하다는 것을 잊지 말아야 해요.

進	退	兩	難
나아갈 진	물러날 퇴	두 량(냥)	어려울 란(난)

이럴 때 이렇게 표현하기

→ 공부할 것인가 친구와 놀 것인가, **진퇴양난**의 상황이었어요.

→ 두 가지 직장 제안 중 어느 것을 선택해야 할지 **진퇴양난**이었어요.

→ 이사 문제로 부모님과 의견이 달라, **진퇴양난**의 상황에 놓였어요.

일촉즉발 一觸卽發

한 번[一] 닿기만[觸] 해도 곧[卽] 폭발[發] 한다

71

일촉즉발은 '한 번만 건드려도 곧 폭발할 것 같은 매우 위태로운 상황'을 뜻해요. 이 말은 마치 팽팽하게 부푼 풍선에 바늘이 다가가는 순간처럼, 조그만 자극에도 큰일이 벌어질 수 있는 상태를 표현할 때 써요.

예를 들어, 친구와 사소한 말다툼이 격한 감정싸움으로 번질 뻔했던 적, 혹은 발표 직전에 긴장감이 최고조에 달했을 때의 경우지요.

일촉즉발의 순간은 두려움만 주는 것이 아니라, 우리에게 책임감과 침착함을 키워주는 기회이기도 해요.

감정에 휘둘리지 않고 조심스럽게 상황을 바라볼 줄 안다면, 위기를 기회로 바꿀 수 있어요.

삶은 늘 평탄하지만은 않아요. 위태로운 순간이 다가올 때마다 우리는 성장할 수 있는 한 걸음을 마주하는 거예요. 그러니 일촉즉발의 순간이 왔을 때, 피하지 말고 차분히 나를 다스려보는 거예요.

긴장은 겉으로 보이지 않을 때 가장 위험하다.

침묵은 종종 폭풍 전야의 징조다.

– 알베르 카뮈 (Albert Camus)

겉으론 조용해 보여도, 그 안엔 큰 감정이나 위기가 도사릴 수 있어요.

침묵 속의 긴장을 알아차릴 줄 아는 감수성이 필요해요.

一	觸	卽	發
한 일	닿을 촉	곧 즉	필 발

이럴 때 이렇게 표현하기

→ 두 친구의 감정싸움이 **일촉즉발**이라 모두가 숨을 죽였어요.

→ 시험 전날, 집 안 분위기는 **일촉즉발** 그 자체였어요.

→ 작은 오해가 쌓여 지금은 **일촉즉발**의 상황이에요.

우공이산 愚公移山

어리석은[愚] 노인이[公] 산을[山] 옮긴다[移]

가끔은 어떤 일이 너무 커 보여서 아예 시작조차 하기 싫을 때가 있어요. 그럴 땐 '우공이산'이라는 고사성어를 떠올려 보면 좋아요.

이 말은 '어리석은 노인이 산을 옮긴다'는 뜻이에요.
이야기 속의 우공은 집 앞의 거대한 산이 불편하다고 생각해서 매일 조금씩 흙을 퍼 나르기 시작했어요.
남들이 보기엔 터무니없는 일이었지만, 우공은 포기하지 않고 계속했어요. 결국 하늘이 그 마음을 알아 산을 옮겨준다는 이야기예요.

우공이산은 아주 큰 일도 꾸준한 노력으로 이루어낼 수 있다는 뜻이에요.
공부가 어렵거나, 꿈이 멀게 느껴질 때 이 말을 떠올려 보세요. '이건 안 돼'라는 마음 대신, '조금씩이라도 해보자'는 용기가 더 중요해요.

세상은 빠른 결과보다 포기하지 않는 태도를 더 높이 평가하니까요. 오늘의 작은 한 걸음이, 언젠가 산을 옮길 만큼 큰 힘이 될 수 있어요.

불가능한 것처럼 보이는 일이지만,

계속해서 하면 언젠가는 이룰 수 있다.

– 콜린 파월 (Colin Powell)

어려워 보이는 일도 계속해서 노력하면 결국 성과를 낼 수 있어요.
중요한 것은 중간에 포기하지 않고 지속적으로 노력하는 것이에요.

愚	公	移	山
어리석을 우	공평할 공	옮길 이	메 산

이럴 때 이렇게 표현하기

→ 매일 공부하면 **우공이산**처럼 성적이 오를 거예요.

→ **우공이산**이라고, 꾸준한 운동으로 건강을 되찾을 수 있어요.

→ **우공이산**이라고 조금씩 저축하면 큰 재정적 자유를 얻을 수 있어요.

마부위침 磨斧爲針

도끼를[斧] 갈아[磨] 바늘을[針] 만든다[爲]

73

큰 도끼도 갈면 바늘이 된다는 말, 들어본 적 있나요? 이 말은 바로 사자성어 '마부위침'이에요. "도끼를 갈아 바늘을 만든다"는 뜻으로, 아무리 불가능해 보여도 끈기 있게 노력하면 결국 이루어진다는 의미예요.

옛날 어느 아이가 공부가 너무 어려워 산을 내려가던 중, 한 할머니가 도끼를 갈아 바늘을 만들고 있었대요.

아이는 그 모습에 감동을 받아 다시 공부에 전념했고, 결국 훌륭한 사람이 되었죠. 이 이야기는 포기하고 싶은 순간에 우리에게 필요한 인내심을 알려줘요.

시험 준비가 너무 힘들 때, 운동을 해도 금방 효과가 안 보일 때, 바로 이 사자성어를 떠올려보세요. "나도 마부위침의 마음으로 조금씩 해보자"는 생각이 힘이 될 수 있어요.

바늘이 되기까지 시간이 걸릴 뿐, 갈기만 하면 바늘이 되는 거예요. 중요한 건 포기하지 않고 계속 가는 거랍니다.

물방울이 바위를 뚫는 것은

힘이 세서가 아니라, 끊임없이 떨어지기 때문이다.

- 라틴 격언

이 말은 큰 힘보다 꾸준함의 가치가 더 크다는 뜻이에요.

작은 노력이라도 매일 이어간다면 결국 큰 변화를 만들 수 있다는 걸 기억해야 해요.

磨	斧	爲	針
갈 마	도끼 부	할 위	바늘 침

이럴 때 이렇게 표현하기

→ 매일 연습했더니 **마부위침**처럼 실력이 늘었어요.

→ 포기하지 않고 계속하니 **마부위침**이 떠올랐어요.

→ 하루 10분씩 영어 단어를 외우다 보니 **마부위침**처럼 실력이 쌓였어요.

일언반구 一言半句

한마디의[一] 말과[言] 반[半] 구절[句]

일언반구는 '한 마디 말, 반 마디 말'이라는 뜻이에요. 아주 짧은 말조차도 하지 않는다는 의미로, 주로 입을 다물고 아무런 말도 하지 않을 때 쓰여요.

우리는 말을 통해 서로를 이해하고 마음을 나누지요.

그런데 말을 아끼는 것이 때로는 지혜이기도 하지만, 꼭 필요한 순간에 일언반구도 하지 않는 건 오히려 마음의 벽을 만들 수 있어요.

특히 친구나 가족처럼 가까운 사람과는 솔직한 한 마디가 큰 위로가 될 수 있답니다.

예를 들어, 친구가 힘들어할 때 "괜찮아?"라는 일언반구가 얼마나 큰 힘이 되는지 모른답니다. 반대로, 아무 말도 없이 지나치면 상대는 자신이 외면당했다고 느낄 수 있어요.

그러니 꼭 기억해요. 아무 말도 하지 않는 침묵이 때로는 칼보다 더 날카롭게 다가올 수 있다는 걸요.

진심 어린 짧은 한 마디가 누군가의 하루를 따뜻하게 바꿀 수 있어요.

가장 깊은 생각은 말로 다 표현할 수 없을 때가 많다.

그러나 그 침묵 속에서도 우리가 말할 수 있는 많은 것들이 있다.

- 헨리 데이비드 소로우 (Henry David Thoreau)

말이 많다고 깊이가 있는 것은 아니에요.

가끔은 조용히 있으면 더 많은 것을 전할 수 있고, 중요한 건 말보다 진심이랍니다.

一	言	半	句
한 일	말씀 언	반 반	글귀 구

이럴 때 이렇게 표현하기

→ 그가 한 **일언반구** 덕분에 상황이 바로 정리되었어요.

→ 중요한 회의에서 **일언반구**도 없이 자리를 떠서 다들 당황했어요.

→ 그녀의 **일언반구**가 모두의 마음을 편안하게 만들었어요.

감언이설 甘言利說

달콤한[甘] 말과[言] 이로운[利] 말[說]

감언이설은 '달콤한 말과 이익을 위한 말'이라는 뜻으로, 겉으로는 친절하고 매력적으로 들리지만 실제로는 상대를 조종하려는 의도가 숨어 있는 표현입니다.

예를 들어, 친구가 자신에게 유리한 일을 해달라고 부탁하면서 "너 정말 대단한 사람이니까 당연히 해줄 거지?"라고 할 때 사용할 수 있어요.

겉으로는 칭찬처럼 보이지만, 그 말 속에 부탁이 숨겨져 있는 거죠.

또, 마케팅 광고나 정치인들이 듣기 좋은 말을 하며 사람들의 마음을 사려고 할 때도 감언이설을 사용할 수 있어요.

여러분은 감언이설에 속지 않도록 주의해야 해요. 달콤한 말에 넘어가면 나중에 후회할 수 있기 때문이에요.

상대방이 진정성 있게 말하는지, 아니면 자신의 이익을 챙기려고 하는지 구분할 수 있는 지혜가 필요해요. 항상 마음속에 그 사람의 진심을 들여다보는 눈을 길러야 할 거예요.

그 누구도 단지 말로만 사람을 움직일 수 없다.

말은 진심을 담고 있어야 비로소 영향을 미친다.

– 마하트마 간디 (Mahatma Gandhi)

말은 진심이 담겨야 상대에게 영향을 줄 수 있어요.

겉으로만 좋은 말을 해서는 마음을 움직일 수 없답니다.

甘	言	利	說
달 감	말씀 언	이로울 이(리)	말씀 설

이럴 때 이렇게 표현하기

→ **감언이설**에 현혹되지 않도록 조심해야 해요.

→ 그는 **감언이설**로 나를 유혹했지만, 나는 믿지 않았어요.

→ **감언이설**은 잠깐의 달콤함일 뿐, 진실이 아니에요.

교언영색 巧言令色

교묘한[巧] 말과[言] 그럴듯한[令] 얼굴[色]

살다 보면 누군가가 말도 잘하고 표정도 너무 부드럽고 친절하게 대할 때가 있어요. 처음엔 기분이 좋아지고, 왠지 믿음도 생기죠. 그런데 항상 그런 태도가 진심일까요?

'교언영색'은 "말을 번지르르하게 하고 얼굴빛을 꾸민다"는 뜻이에요.

다시 말해, 겉으로는 친절하고 부드럽지만, 속마음은 다른 사람을 속이려는 경우에 쓰는 말이에요.

예를 들어, 친구가 너무 친절하게 대해주다가 나중에 나의 비밀을 이용하거나, 부탁을 들어달라고 할 때가 있어요. 그럴 땐 "아, 이게 바로 교언영색일 수도 있겠구나" 하고 한 번쯤 생각해봐야 해요.

말이 화려하다고 다 진실은 아니니까요. 진짜 친구는 말보다 행동으로 보여주는 법이에요.

우리도 누군가에게 다가갈 때 겉모습만 꾸미기보다는 마음에서 우러나는 진심을 전해야 해요. 너무 달콤한 말은 한 번쯤 의심해보는 것도 현명한 태도랍니다.

좋은 말은 꿀벌처럼 달콤하지만,

가시처럼 마음을 찌를 수 있다.

- 윌리엄 셰익스피어 (William Shakespeare)

듣기 좋은 말이 항상 진실하거나 선의에서 나온 것이 아닐 수 있어요.
겉으로는 달콤해 보여도 그 말의 의도를 잘 살펴보는 지혜가 필요해요.

巧	言	令	色
아름다울 교	말씀 언	하여금 령	빛 색

이럴 때 이렇게 표현하기

→ 그 친구는 선생님 앞에서만 **교언영색**이라서, 다들 진심이 아니라고 느껴요.

→ 겉으론 웃으며 칭찬했지만, 그 말은 왠지 **교언영색** 같았어요.

→ 진심 없는 **교언영색**보다는 솔직한 말 한마디가 더 믿음이 가요.

유언비어 流言蜚語

흘러[流] 다니는 말과[言] 날아다니는[蜚] 소문[語]

'유언비어'는 사실이 아닌 말이 마치 진짜처럼 퍼지는 헛소문을 말해요.

친구들 사이에서 "누가 그렇다더라"는 말이 돌 때, 그게 진짜인지 아닌지 확인하지 않고 믿고 퍼뜨리면 그것이 바로 유언비어예요.

청소년 시기엔 친구 관계가 중요하기 때문에, 유언비어에 휘말리거나 휘둘리는 일이 많아요. 하지만 정말 중요한 건, 어떤 이야기를 들었을 때 그 말이 진짜인지 먼저 생각해보고, 직접 확인하지 않은 말은 절대 다른 사람에게 전하지 않는 태도예요.

누군가에 대한 헛소문은 말한 사람보다 듣고 퍼뜨린 사람이 더 큰 상처를 줄 수 있어요.

우리 모두 사실이 아닌 말에는 귀를 기울이지 않고, 진실을 기준으로 말하고 행동하는 사람이 되어야 해요.

그래야 친구 사이의 신뢰도 깊어지고, 따뜻한 학교 분위기도 만들어질 수 있어요.

거짓말은 누군가의 평판을 하루아침에 망가뜨리지만,

진실은 그것을 회복하는 데 오랜 시간이 걸린다.

- 플루타르크 (Plutarch)

거짓말은 쉽게 퍼지지만 진실은 천천히 드러나요.

그래서 우리는 언제나 말을 조심하고 진실을 지키는 태도를 가져야 해요.

流	言	蜚	語
흐를 류(유)	말씀 언	날 비	말씀 어

이럴 때 이렇게 표현하기

→ 친구 사이에 퍼진 **유언비어** 때문에 오해가 생겼어요.

→ 확인되지 않은 소문은 **유언비어**일 수 있으니 함부로 믿으면 안 돼요.

→ **유언비어** 하나가 반 친구 전체를 혼란스럽게 만들었어요.

부화뇌동 附和雷同

천둥소리에[雷] 맞춰[同][附] 따르다[和]

78

살다 보면 친구들이 하는 말이나 행동에 나도 모르게 휩쓸릴 때가 있어요. 다들 같은 생각을 하는 것 같고, 괜히 혼자 다른 의견을 말하면 이상해 보일까 걱정되기도 해요.

이런 상황에서 무작정 남의 말에 따라가는 걸 '부화뇌동'이라고 해요. 즉, 자기 생각 없이 남이 하는 대로 따라가는 태도를 말하는 거예요.

하지만 진짜 멋진 사람은 모두가 고개를 끄덕여도 "나는 좀 다르게 생각해"라고 말할 수 있는 사람이에요. 내가 진짜로 생각한 것을 표현할 줄 아는 용기가, 때론 집단의 소리보다 더 소중하답니다.

친구들과 어울리는 것도 좋지만, 내 생각과 가치관을 잃지 않는 것도 정말 중요해요. 누가 뭐라 해도 "나는 왜 그렇게 생각하지?"를 먼저 스스로에게 물어보는 연습을 해보는 건 어떨까요? 오늘부터 나만의 목소리를 조금씩 내보는 거예요!

모든 사람은 자신의 삶의 주인공이어야 한다.

다른 사람들의 인생을 따라가는 것보다,

자신만의 주인공이 되어 삶을 이끌어 가야 한다.

- 조지 버나드 쇼(George Bernard Shaw)

남을 따라 살지 말고, 자신만의 길을 걸어야 한다는 뜻이에요.
자기 인생의 주인공이 되어 자신만의 이야기를 만들어 가는 것이 중요해요.

附	和	雷	同
붙을 부	답할 화	우레 뢰	한가지 동

이럴 때 이렇게 표현하기

→ 모두가 그 영화를 추천하길래, 나도 **부화뇌동**해서 봤어요.

→ 다들 그 의견에 동의하니까, 나는 **부화뇌동**하지 않기로 결심했어요.

→ 모두가 그 말을 믿었지만, **부화뇌동**하지 않으려고 조심했어요.

과유불급 過猶不及

지나침은[過][猶] 미치지[及] 못함과[不] 같다

79

과유불급은 지나침도 부족함과 마찬가지로 좋지 않다는 의미를 가지고 있어요. 쉽게 말하면, 모든 일에는 균형이 중요하고, 너무 지나치거나 너무 부족한 것도 문제라는 뜻이에요.

예를 들어, 공부를 열심히 하는 것도 중요하지만, 지나치게 몰두해서 건강을 해치면 오히려 나쁜 결과를 초래할 수 있어요.

마찬가지로 친구들에게 너무 많은 시간을 쏟거나 관심을 가지면, 나의 개인적인 시간이나 목표를 놓칠 수 있어요.

과유불급은 우리에게 "모든 일에는 균형이 필요하다"는 지혜를 알려 주고 있어요.

아무리 좋은 것도 열정이 너무 과하면 지치고, 노력도 무리하면 오히려 방향을 잃을 수 있어요. 결국 중요한 건, 적절한 선을 지키며 조화를 이루는 거예요.

어떤 일이든 균형을 이해하고 실천하는 것이야말로 진정한 성장으로 가는 길이랍니다.

적절한 양의 재물, 지식, 사랑은 우리에게 행복을 준다.

그러나 지나치면 그것들은 오히려 우리를 해친다.

- 공자 (孔子)

재물이나 사랑, 지식도 너무 많으면 오히려 우리를 힘들게 한다는 것을 말해요.

적당한 것이 가장 중요하다는 교훈을 담고 있어요.

過	猶	不	及
지날 과	오히려 유	아니 불	미칠 급

이럴 때 이렇게 표현하기

→ 공부도 좋지만, 잠을 안 자면서까지 하면 **과유불급**이에요.

→ 아무리 좋은 것도 지나치면 독이 되니, **과유불급**이라는 말을 기억하자.

→ 그는 완벽을 추구했지만 오히려 실수를 했어. **과유불급**이란 말이 딱 맞아.

심사숙고 深思熟考

깊이[深] 생각하고[思] 충분히[熟] 고려함[考]

우리는 하루에도 수많은 선택을 하면서 살아가요. 아침에 어떤 옷을 입을지부터 친구와의 갈등을 어떻게 풀어야 할지까지, 고민은 끊임없이 찾아오죠.

이럴 때 필요한 태도가 바로 '심사숙고'이지요. 이 말은 '깊이 생각하고 신중히 살핀다'는 뜻이에요.

단순히 한 번 고민하는 것이 아니라, 여러 번 천천히 곱씹으며 더 좋은 선택을 하기 위해 시간을 들이는 걸 말해요.

심사숙고는 특히 중요한 결정을 할 때 꼭 필요한 자세예요.

예를 들어 진로를 정하거나, 친구 관계에서 마음이 흔들릴 때, 감정에 휘둘리기보다는 차분히 생각해보는 거죠.

청소년기엔 감정이 앞서고 빠른 결정을 내리고 싶을 때가 많아요.

하지만 그럴수록 잠시 멈춰 생각하는 여유가 필요해요. 충분히 고민한 선택이 결국 나를 더 단단하게 만들어 준답니다.

나는 빠르게 걷는 사람보다

한 걸음을 멈추고 생각할 줄 아는 사람을 신뢰한다.

- 헨리 데이비드 소로(Henry David Thoreau)

빠름보다 중요한 건 깊은 생각이에요. 성급하게 행동하기보다

신중하게 판단하는 습관을 기르면, 더 나은 선택과 결과를 얻을 수 있어요.

深	思	熟	考
깊을 심	생각할 사	익을 숙	상고할 고

이럴 때 이렇게 표현하기

→ 중요한 선택이니 **심사숙고**해보는 게 좋아요.

→ 충동적으로 결정하지 말고 **심사숙고**한 뒤에 말해요.

→ 친구의 조언도 듣고 **심사숙고**한 끝에 진로를 정했어요.

천편일률 千篇一律

천 개의[千] 글이[篇] 하나의[一] 규칙을[律] 따른다

요즘 친구들이 자기소개서를 쓸 때나 SNS에 글을 올릴 때 보면, 전부 어디서 본 듯한 문장들이에요. "성실하고 책임감 있는 사람입니다" 같은 말이 반복되죠. 이런 걸 바로 "천편일률"이라고 해요.

이 말은 '수천 편의 글이 모두 똑같은 형식을 따르고 있다'는 뜻으로, 개성이 없이 모두 같아 식상하다는 의미예요.

천편일률은 꼭 글에서만 나타나는 게 아니에요. 학교 축제 준비나 발표 과제에서도 누군가의 아이디어를 그대로 따라 하거나, 모두가 같은 스타일로만 발표할 때도 쓸 수 있어요.

이럴 땐 "좀 천편일률적이네"라고 말할 수 있죠.

청소년 시기엔 자기만의 색깔을 찾는 게 중요해요.

남들과 똑같아야 안전하다고 생각할 수도 있지만, 창의적이고 주체적인 생각이 더 멋지고 기억에 남는다는 걸 잊지 마세요.

자신이 아닌 누군가가 되려고 하는 것은,

자신이라는 존재를 낭비하는 것이다.

– 커트 코베인 (Kurt Cobain)

다른 사람처럼 되려고 하지 말고, 자신만의 길을 가라는 뜻이에요.

남의 기대를 따르기보다는 자신을 소중히 여겨야 합니다.

千	篇	一	律
일천 천	책 편	한 일	법칙 률

이럴 때 이렇게 표현하기

→ 영화는 **천편일률**적인 이야기 전개라서 지루했어요.

→ 그의 발표는 매번 **천편일률**적이라 청중들이 집중하지 못했어요.

→ 매일 똑같은 일상을 반복하는 것은 **천편일률**적인 삶을 사는 것 같아요.

속수무책 束手無策

손을[手] 묶어[束] 아무런 방법이[策] 없다[無]

우리 모두는 때때로 어려운 상황에 처하게 됩니다. 어떤 문제나 난관에 부딪혔을 때, 할 수 있는 방법이 없다는 느낌을 받을 수 있어요. 바로 그때를 '속수무책'이라고 표현합니다.

즉, 어떻게 해야 할지 몰라서 그저 가만히 있을 수밖에 없는 상황일 때 사용해요.

예를 들어, 시험이 너무 어려워서 답이 전혀 생각나지 않거나, 친구와의 갈등을 해결할 방법을 모를 때, 우리는 속수무책이 될 수 있어요.

하지만 '속수무책'이란 말이 항상 부정적인 의미만을 가진 것은 아니에요. 때로는 우리가 할 수 있는 모든 방법을 다 써본 후, 더 이상 할 수 있는 일이 없을 때 이 표현을 사용해요.

그런 의미에서 중요한 점은, 속수무책이라 느껴지는 순간에도 좌절하지 않고, 새로운 해결책을 찾아보려는 마음가짐이 중요해요.

어려운 상황에 처했을 때, 포기하지 않고 다시 일어서는 것, 그것이 진정한 해결의 시작임을 기억해야 해요.

우리가 더 이상 어떤 상황도 바꿀 수 없을 때,

우리는 자기 자신을 바꾸는 도전에 직면하게 된다.

– 빅터 프랭클 (Viktor E. Frankl)

어떤 일이 내 힘으로 도저히 바뀌지 않을 때가 있어요. 그럴 땐 세상을 바꾸려고 애쓰기보다, 그 상황을 받아들이고 나 자신을 성장시키는 게 중요해요.

束	手	無	策
묶을 속	손 수	없을 무	꾀 책

이럴 때 이렇게 표현하기

→ 친한 친구와 크게 싸우고 나서, 어떻게 풀어야 할지 몰라 **속수무책**이에요.

→ 시험지를 보는 순간 너무 어려워서 **속수무책**으로 멍하니 쳐다만 봤다.

→ 갑자기 휴대폰이 꺼졌는데 충전기도 없어서 **속수무책**이었어요.

적반하장 賊反荷杖

도둑이[賊] 되려[反] 매를[杖] 든다[荷]

적반하장은 '도둑이 되려 도리어 몽둥이를 든다'는 뜻이에요.

즉, 잘못한 사람이 자신이 한 잘못을 감추고 오히려 다른 사람을 비난하거나 공격하는 상황을 표현해요.

이 표현은 보통 자신이 잘못을 저지르고도 그 사실을 인정하지 않고, 남을 비난할 때 사용돼요.

예를 들어, 숙제를 하지 않은 친구가 다른 친구의 숙제를 지적하며 "너는 왜 숙제를 안 했어?"라고 말한다면, 그 친구는 적반하장을 하고 있는 거예요.

적반하장은 우리가 올바른 태도를 갖도록 도와주는 말이에요. 자신의 잘못을 인정하고 책임지는 것이 얼마나 중요한지를 일깨워 주죠.

이 사자성어는 실수를 감추며 남을 탓하기보다는, 솔직하게 인정하고 고치려는 자세가 더 성숙한 행동임을 알려준답니다.

사람들은 자신이 저지른 일에 대해

가장 먼저 남을 비난함으로써 자기 죄를 덮으려 한다.

- 타키투스 (Tacitus)

사람들은 잘못을 인정하기보다 남 탓을 하며 책임을 피하려고 해요.
하지만 그런 행동은 더 큰 불신과 오해를 낳을 뿐이에요.

賊	反	荷	杖
도둑 적	돌이킬 반	멜 하	지팡이 장

이럴 때 이렇게 표현하기

→ 자기가 잘못해 놓고 **적반하장**으로 남을 탓하니 어이가 없었다.

→ 그 친구는 **적반하장**도 유분수지, 오히려 나를 혼냈다.

→ 잘못을 했으면 사과해야지, **적반하장**으로 큰소리치면 안 되지.

수적천석 水滴穿石

물방울이[水][滴] 바위를[石] 뚫는다[穿]

'수적천석'이라는 말이 있어요. "물방울이 끊임없이 떨어지면, 아무리 단단한 바위도 결국 구멍이 생긴다"는 뜻이지요.

작고 연약해 보이는 물방울이 어떻게 바위를 뚫을 수 있을까요? 그 비밀은 바로 포기하지 않는 꾸준함에 있어요.

공부를 하다가 막히고, 운동을 해도 실력이 늘지 않을 때 우리는 종종 "나는 안 되는 것 같아"라고 생각하곤 해요.

하지만 그 순간에도 우리의 작은 노력이 쌓이고 있다는 걸 잊지 않았으면 해요.

눈에 잘 보이진 않아도, 조용히 우리 안에서 변화가 자라고 있는 거예요.

수적천석이 여러분에게 말해요. "지금의 너는 충분히 잘하고 있고, 계속 나아가면 반드시 이룰 수 있어."

그러니 오늘도 물방울처럼, 조용하지만 꾸준히 걸어가길 바라요.

끈기는 실패를 이기는 유일한 방법이다.

아무리 느려도 포기하지 않으면 결국 목적지에 도달한다.

– 찰스 스펄전 (Charles Spurgeon)

끈기는 실패 앞에서도 포기하지 않고 꾸준히 나아가는 힘이에요.

느려도 멈추지 않으면 반드시 목표에 도달할 수 있어요.

水	滴	穿	石
물 수	물방울 적	뚫을 천	돌 석

이럴 때 이렇게 표현하기

→ 매일 조금씩 공부하는 것이 결국 좋은 성적을 만드는 **수적천석**이에요.

→ 한 번에 못 해도 포기하지 않고 계속 도전하는 게 바로 **수적천석**이에요.

→ 작은 습관이 모여 큰 변화를 만드는 것이 **수적천석**이에요.

분골쇄신 粉骨碎身

뼈를[骨] 빻고[粉] 몸을[身] 부순다[碎]

우리는 누군가를 위해, 혹은 어떤 목표를 위해 최선을 다하고 싶을 때가 있어요. '분골쇄신'이라는 사자성어는 바로 그런 마음을 잘 보여주는 말이에요.

'뼈가 가루가 되고 몸이 부서질 정도로' 힘을 다한다는 뜻으로, 자신을 아끼지 않고 온 마음과 몸을 바쳐 헌신하는 모습을 표현해요.

이 말은 가족을 위해 애쓰는 부모님의 모습이나, 꿈을 이루기 위해 땀 흘리는 사람들에게 잘 어울리는 말이에요.

청소년인 우리에게도 분골쇄신의 자세는 꼭 필요해요. 공부든, 운동이든, 좋아하는 일이든 진심을 다해 노력하는 자세가 결국 나를 빛나게 하거든요.

무조건 무리하라는 뜻이 아니라, 내가 정말 소중하게 여기는 것을 위해 최선을 다하는 태도를 배우는 거예요.

분골쇄신의 마음으로 최선을 다해본다면, 그 경험은 반드시 우리를 더 깊고 단단한 사람으로 성장하게 만들어줄 거예요.

무언가를 이루려면, 자기 몸을 태워야 한다.

별은 자기 몸을 불태우며 빛난다.

– 니체 (Friedrich Nietzsche)

무언가를 이루고 싶다면 마음과 몸을 다해 최선을 다해야 한다는 뜻이에요.

별이 스스로를 태워야 빛을 내듯, 우리도 열정과 노력이 있어야 꿈을 이룰 수 있어요.

粉	骨	碎	身
가루 분	뼈 골	부술 쇄	몸 신

이럴 때 이렇게 표현하기

→ 그 친구는 꿈을 이루기 위해 **분골쇄신**의 자세로 매일 연습했어요.

→ 나는 이번 대회에 **분골쇄신**의 마음으로 도전해 보기로 했어요.

→ 가족을 위해 **분골쇄신**했던 부모님의 노력이 참 존경스러웠어요.

단도직입 單刀直入

하나의[單] 칼로[刀] 곧장[直] 들어간다[入]

살다 보면 누군가 말을 너무 돌려서 할 때, "그래서 하고 싶은 말이 뭔데?"라는 생각이 들 때가 있어요. 이런 상황에 딱 어울리는 말이 바로 '단도직입'이에요.

이 말은 '칼을 들고 적진으로 곧장 들어간다'는 뜻에서, 말이나 행동을 돌리지 않고 본론부터 바로 들어간다는 의미랍니다.

단도직입은 솔직하고 자신감 있는 태도를 나타내요. 친구에게 사과하고 싶을 때, 뭔가 중요한 부탁을 하고 싶을 때, 괜히 말 돌리기보다 솔직하게 다가가는 게 오히려 더 용기 있는 행동일 수 있어요.

물론, 단도직입은 진심이 담겨 있어야 하고, 상대를 배려하는 마음도 함께해야 해요.

청소년 시기엔 친구 관계나 가족과의 대화 속에서 이렇게 솔직함이 필요한 순간이 많아요. 그럴 때 단도직입의 태도는 우리가 더 건강한 관계를 맺는 데 큰 도움이 될 거예요.

솔직하되 따뜻하게, 용기 있게 그러나 배려하며 말하는 사람, 그게 멋진 어른이 되는 길이랍니다.

말을 돌려 하지 말고,

하고 싶은 말을 정직하고 분명하게 표현하라.

그럴 때 진정한 소통이 시작된다.

- 에픽테토스 (Epictetus)

말을 애써 돌리지 않고 솔직하게 표현해야 상대방과 제대로 소통할 수 있어요. 진심을 담은 분명한 말이 서로를 이해하는 첫걸음이랍니다.

單	刀	直	入
홑 단	칼 도	곧을 직	들 입

이럴 때 이렇게 표현하기

→ 친구가 "너 내 거 훔쳤냐?"고 **단도직입**으로 물었어요.

→ 시험 점수가 안 좋으면 선생님께 **단도직입**으로 이유를 말하는 게 좋아요.

→ 하고 싶은 말이 있을 땐 **단도직입**으로 솔직하게 말하는 게 중요해요.

청빈낙도 清貧樂道

맑고[清] 가난하지만[貧] 도를[道] 즐김[樂]

세상에는 많은 것을 가지지 않아도 마음이 풍요로운 사람들이 있어요. '청빈낙도'는 그런 삶을 뜻하는 말이에요. "맑고 가난하지만, 도를 즐긴다"는 뜻으로, 물질적으로는 부족하더라도 자신이 믿는 바른 길을 따르며 마음의 평화를 느끼는 삶을 말해요.

물질적으로는 풍족하지 않아도, 자신의 소신과 양심을 지키며 살아가는 사람은 마음속에 진짜 행복을 품고 있는 거예요.

예를 들어, 남들이 부러워할 만한 것을 가지진 않았지만, 정직하게 살며 작은 일에도 감사할 줄 아는 친구를 떠올려 보세요. 그 모습이 바로 청빈낙도의 실천이에요.

이 사자성어는 요즘처럼 경쟁이 치열하고 물질을 우선시하는 세상에서, 마음의 평화와 올바른 가치관이 훨씬 더 중요하다는 걸 알려줘요.

우리는 청소년 시기부터 욕심보다는 소박함, 외적인 성공보다는 내적인 성장에 집중하는 연습이 필요해요.

풍요란 외부의 것이 아니라, 자신의 마음속에 있는 것이다.

청빈과 낙도는 삶의 진정한 가치를 깨닫는 길이다

- 공자 (孔子)

진짜 풍요는 돈이 아니라 마음속에서 시작돼요.

청빈과 낙도는 소박하지만 올바른 삶에서 행복을 찾는 길이에요.

清	貧	樂	道
맑을 청	가난할 빈	즐거울 락(낙)	길 도

이럴 때 이렇게 표현하기

→ 돈이 많지 않아도 마음이 편안하면 **청빈낙도**를 실천하는 거예요.

→ 친구들과 소박한 시간을 보내도 마음이 즐거우면 **청빈낙도**예요.

→ 어려운 상황 속에서도 올바른 길을 즐기는 게 **청빈낙도**랍니다.

청렴결백 淸廉潔白

맑고[淸] 청렴하여[廉] 흠[潔] 없고 깨끗하다[白]

청렴결백은 '깨끗하고 맑으며, 부정하지 않고 흠이 없는 상태'를 뜻해요. 쉽게 말해, 거짓이나 부정 없이 정직하고 깨끗한 마음과 행동을 말한답니다.

우리 주변에서 흔히 볼 수 있는 청렴결백한 사람들은, 작은 이익을 위해 거짓말을 하지 않고, 남의 것을 탐내지 않으며, 자신의 잘못을 숨기지 않는 사람들예요.

학교에서 친구에게 정직하게 행동하고, 시험에서 부정행위를 하지 않는 것도 청렴결백한 태도랍니다.

청렴결백은 단지 법을 잘 지키는 것을 넘어서, 우리 마음속의 바른 도리를 지키는 자세를 말해요. 청렴결백한 사람은 믿음직스럽고, 주변 사람들에게 좋은 본보기가 되며, 스스로도 떳떳한 삶을 살 수 있답니다.

청소년 여러분도 청렴결백을 마음에 새기고 정직한 행동을 실천하며 성장해 나가면 좋겠어요.

사람의 위대함은 얼마나 많은 재산을 모으느냐가 아니라,

그의 청렴함과 주변 사람들에게 긍정적인 영향을 미치는 능력에 있다.

- 밥 말리 (Bob Marley)

사람의 진정한 가치는 재산이 아니라 청렴함과 주변에 긍정적인 영향을 주는 능력에 있어요.

올바른 마음과 행동이 진짜 위대함을 만듭니다.

清	廉	潔	白
맑을 청	청렴 렴(염)	깨끗할 결	흰 백

이럴 때 이렇게 표현하기

→ 선생님은 학생들 앞에서 항상 **청렴결백**한 모습을 보여 주셨어요.

→ 부모님은 언제나 **청렴결백**한 삶을 본보기로 보여 주셨어요.

→ 그는 **청렴결백**한 태도로 회사에서 신뢰를 받았어요.

추풍낙엽 秋風落葉

가을[秋] 바람에[風] 떨어지는[落] 낙엽[葉]

추풍낙엽은 '가을바람에 떨어지는 나뭇잎'이라는 뜻이에요. 이 말은 세상 일이 빠르게 변하거나 사람이나 사물이 하나둘 떠나가는 모습을 비유할 때 사용한답니다.

예를 들어, 한 팀에서 친구들이 하나둘씩 다른 학교로 가거나 흩어질 때, 추풍낙엽처럼 자연스럽게 헤어지는 모습을 떠올릴 수 있어요.

또 어떤 상황이 갑자기 무너질 때도 이 말을 쓰기도 합니다. 이 표현은 변화가 때로는 불가피하고 자연스러운 일임을 알려줍니다.

청소년 시기에 많은 변화를 겪는데, 사람들과의 관계도 그렇고 자신이 처한 환경도 계속 바뀌죠.

추풍낙엽을 떠올리며 변화에 적응하고, 때로는 헤어짐도 삶의 한 부분임을 받아들이는 마음을 가지는 것이 중요해요. 그렇게 하면 더 성숙한 사람이 될 수 있답니다.

우리의 삶은 바람에 날리는 나뭇잎과 같아서,

어디에 떨어질지 아무도 몰라요.

– 빅토르 위고 (Victor Hugo)

인생은 가을바람에 날리는 나뭇잎처럼 예측할 수 없어요. 어디에 닿을지보다,

어떤 마음으로 날아가는지가 더 중요해요.

秋	風	落	葉
가을 추	바람 풍	떨어질 락(낙)	잎 엽

이럴 때 이렇게 표현하기

→ 시험이 끝나자마자 학생들이 교실을 빠져나가는 모습이 마치 **추풍낙엽** 같았어요.

→ 그 소문이 퍼지자, 친구들 사이에서 믿음이 **추풍낙엽**처럼 무너졌어요.

→ 가을 운동회가 끝난 뒤, 운동장은 **추풍낙엽**처럼 조용하고 쓸쓸했어요.

격물치지 格物致知

사물의[物] 이치를 탐구하여[格] 앎에[知] 이르다[致]

우리는 살아가면서 '왜?'라는 질문을 자주 하게 돼요. 격물치지는 그런 궁금증을 품고, 깊이 있게 배우려는 자세를 뜻하는 말이에요.

즉, '사물의 이치를 바로잡아 참된 앎에 이른다'는 뜻으로, 세상의 이치를 탐구하면서 진정한 지혜를 얻는다는 의미예요.

이 사자성어는 단순히 지식을 많이 쌓는 것이 아니라, 사물과 현상을 깊이 관찰하고 바르게 이해하려는 태도를 중요하게 여겨요.

청소년기에는 배워야 할 것도, 알아가야 할 것도 정말 많죠. 그럴수록 격물치지의 마음으로 하나하나 궁금한 것을 놓치지 않고 살펴보는 습관이 필요해요.

그런 태도가 쌓이면, 단순히 공부를 잘하는 것을 넘어 진짜로 아는 사람이 되어 간답니다. 작은 호기심도 소중히 여기고, 사소한 것에서도 배움을 찾아보세요.

진정한 성장은 그런 일상 속 탐구에서 시작된답니다.

지식은 경험에서 시작되고, 관찰로부터 다듬어진다.

- 존 로크 (John Locke)

지식은 책 속 이론만으로 완성되지 않아요.

직접 경험하고 세심히 관찰할 때, 진짜 내 것이 되는 지혜로 자라납니다.

格	物	致	知
바로잡을 격	만물 물	이룰 치	알 지

이럴 때 이렇게 표현하기

→ 그는 **격물치지**의 마음으로 매일 실험 도구를 관찰하고 연구했어요.

→ 매일 자연을 관찰하며 기록하는 습관은 **격물치지**의 첫걸음이에요.

→ 자연을 유심히 들여다보며 **격물치지**의 태도로 배움을 이어갔어요.

명실상부 名實相符

이름과[名] 실체가[實] 서로[相] 일치한다[符]

91

우리는 가끔 겉으로 보이는 모습과 실제가 다를 때 실망을 느껴요.

'명실상부'는 이런 상황에서 떠올릴 수 있는 말이에요. '이름과 실제가 서로 잘 맞는다'는 뜻으로, 말이나 명예뿐만 아니라 실제 행동이나 실력도 그에 걸맞다는 의미예요.

예를 들어, "친절한 사람"이라고 불리는 누군가가 정말로 따뜻한 마음을 가진 사람일 때, 우리는 그 사람을 명실상부하다고 말할 수 있어요.

반대로 말뿐인 사람이 아니라, 진짜 실력을 갖춘 사람이 되는 것, 그것이 진정한 명실상부예요.

여러분은 앞으로 어떤 이름으로 불리게 될지 아직 결정되지 않았어요.

하지만 지금부터 성실하게 노력하고, 내 행동과 마음을 하나로 맞춰 간다면 언젠가는 나만의 '이름값'을 하게 될 거예요. 겉모습보다 더 중요한 건, 그 속을 채워나가는 과정이에요.

단순히 착한 사람이 되지 말고,

의미 있는 좋은 사람이 되어라.

- 헨리 데이비드 소로(Henry David Thoreau)

착하다는 평판만으로는 충분하지 않아요.

실제로 행동으로 세상에 긍정적인 영향을 주는 사람이 진짜 좋은 사람이랍니다.

名	實	相	符
이름 명	열매 실	서로 상	부신 부

이럴 때 이렇게 표현하기

→ 그 친구는 공부도 잘하고 예의도 바른, **명실상부**한 반장감이에요.

→ 그 가수는 실력도 외모도 뛰어난, **명실상부**한 톱스타예요.

→ 이번 프로젝트는 노력한 만큼 결과도 좋아서 **명실상부**한 성공이었어요.

일목요연 一目瞭然

한 번[一] 보고[目] 명백하게[瞭] 알 수 있다[然]

살다 보면 친구 설명을 듣다가 "도대체 무슨 말이야?" 싶을 때가 있어요. 머릿속에 물음표만 가득한 그런 순간, 우리에겐 '일목요연'한 설명이 필요해요.

일목요연은 '한 번 보면 확실히 알 수 있다'는 뜻이에요. 즉, 복잡하지 않고 깔끔하게 정리되어 있어서 누구나 한눈에 이해할 수 있는 상태를 말하죠.

예를 들어, 발표 자료를 만들 때 내용이 정리되지 않고 뒤죽박죽이라면 듣는 친구들이 금방 지쳐버릴 거예요.

하지만 핵심만 쏙쏙 들어가 있고, 보기 좋게 정리되어 있다면? 그건 바로 '일목요연'한 자료인 거죠.

일목요연은 글쓰기, 발표, 공부 정리, 심지어 친구와의 대화에서도 중요한 자세예요.

내 생각을 상대가 한눈에 이해할 수 있도록 정리하고 표현하는 건 멋진 소통의 시작이랍니다. 복잡한 세상일수록 더 많은 사람들이 '일목요연한 말과 글'을 기다리고 있어요.

간단하게 설명할 수 없다면,

그것을 충분히 이해하지 못한 것이다.

- 알베르트 아인슈타인 (Albert Einstein)

복잡한 내용을 쉽게 설명할 수 있어야 진짜 이해한 거예요.

쉽게 풀지 못한다면, 아직 완전히 자기 것이 아닌 거랍니다.

一	目	瞭	然
한 일	눈 목	밝을 료	그러할 연

이럴 때 이렇게 표현하기

→ 선생님의 설명은 도표와 함께해서 **일목요연**했어요.

→ 이 표를 보면 결과가 **일목요연**하게 드러나요.

→ 발표 자료가 정리돼 있어서 한눈에 **일목요연**하게 이해됐어요.

파란만장 波瀾萬丈

파도가[波][瀾] 만[萬] 길이나[丈] 높다

93

우리의 인생은 마치 바다 같아요. 평온하다가도 갑자기 큰 파도가 몰아칠 때가 있지요. 이런 변화 많고 격렬한 삶을 표현하는 말이 바로 '파란만장'이에요.

즉, '파도와 물결처럼 거센 일들이 끊이지 않는다'는 뜻으로, 굴곡 많은 인생을 상징한답니다.

이 표현은 보통 평탄하지 않은 삶을 살아온 사람이나, 다양한 일을 겪은 경험을 이야기할 때 자주 사용돼요.

예를 들어, 어떤 인물이 어린 시절 가난을 이겨내고, 수많은 실패 끝에 결국 성공했다면 그 인생은 정말 '파란만장했다'고 말할 수 있지요.

청소년 여러분도 지금은 조용한 바다에 있는 것 같지만, 앞으로 어떤 파도가 닥칠지 아무도 몰라요. 중요한 건 그 파도에 휩쓸리지 않고, 끝까지 자신의 방향을 잃지 않는 거예요.

파란만장한 삶은 힘들 수 있지만, 그만큼 깊이 있고 단단한 나를 만들어 줍니다.

인생은 폭풍우가 지나가길 기다리는 것이 아니라,

빗속에서 춤추는 법을 배우는 것이다.

- 비비언 그린 (Vivian Greene)

어려운 시기를 피하려 하지 말고, 그 안에서 삶의 의미와 즐거움을 찾으라는 메시지예요.

어려움 속에서도 즐기고 성장하는 사람이 진짜 멋진 사람입니다.

波	瀾	萬	丈
물결 파	물결 란(난)	일만 만	어른 장

이럴 때 이렇게 표현하기

→ 우리 가족의 이야기는 정말 **파란만장**해서, 늘 새로운 일이 벌어져요.

→ 그의 인생은 **파란만장**했지만, 결국 꿈을 이루었어요.

→ **파란만장**한 경험 덕분에 나는 더 강해졌어요.

우여곡절 迂餘曲折

길이[餘] 굽고[迂] 구부러지며[曲] 꺾인다[折]

94

살다 보면 누구나 예상치 못한 일이 생기고, 계획대로 쉽게 이루어지지 않을 때가 있어요. 이런 상황을 표현하는 말이 '우여곡절'이에요.

우여곡절은 '길이 우회하고, 구불구불하다'는 뜻으로, 일이 순탄하지 않고 여러 어려움과 복잡한 과정을 겪는 것을 의미해요.

예를 들어, 친구들과 함께 프로젝트를 준비할 때 처음 생각한 대로 되지 않고 여러 번 다시 계획을 세우고 조정해야 할 때가 있죠. 그럴 때 우리는 '우여곡절 끝에 해냈다'고 말할 수 있어요.

우여곡절은 우리 삶에서 흔히 겪는 일이에요. 중요한 건 그 속에서도 포기하지 않고 한 걸음씩 나아가는 거예요.

이런 과정을 통해 우리는 더 단단하게 성장한답니다.

인생은 직선이 아니라 구불구불한 길이다.

그 구불구불함 속에서 우리는 경험하고

배우며 진정한 의미를 깨닫는다.

- 로버트 프로스트 (Robert Frost)

인생은 항상 계획대로 쭉 뻗은 길이 아니에요.

여러 우여곡절을 겪으며 경험과 교훈을 쌓아가야 진짜 의미를 알게 된답니다.

迂	餘	曲	折
멀 우	남을 여	굽을 곡	꺾을 절

이럴 때 이렇게 표현하기

→ 시험 준비는 **우여곡절** 끝에 겨우 마쳤어요.

→ 여행 중에 비가 오고 길을 잃는 **우여곡절**도 있었지만, 재미있었어요.

→ 친구와 오해가 생겼다가 풀리는 **우여곡절**을 겪었어요.

일언반구 一言半句

한마디의[一] 말과[言] 반[半] 구절[句]

95

일언반구는 '한 마디 말이나 반 마디 말'이라는 뜻이에요. 아주 짧은 말도 하지 않거나, 혹은 단 한마디 말조차도 하지 않을 때 사용하는 표현이랍니다.

예를 들어 누군가가 무슨 일이 있었는지 말해주지 않고 입을 꼭 다물고 있을 때 "일언반구도 하지 않았다"라고 말해요.

이 말은 조용함을 강조할 때 쓰이기도 하지만, 반대로 말 한 마디의 중요성을 느끼게 해주기도 해요. 우리가 친구에게 툭 던진 말 한 마디가 큰 상처가 되기도 하고, 힘이 되어주기도 하니까요.

그래서 '일언반구'는 말을 아껴야 할 때와 신중해야 할 때 모두를 떠올리게 하는 사자성어예요.

친구가 힘들어 보여도 말을 꺼내지 못할 때, 혹은 누군가가 실수를 했을 때 괜한 말 한 마디로 상처 주지 않도록, 말의 무게를 생각해보면 좋겠어요.

때로는 말하지 않는 것이 배려일 때도 있답니다.

어리석다고 여겨지더라도 침묵을 지키는 것이,

말을 해서 정말 어리석음을 증명하는 것보다 낫다.

- 아브라함 링컨 (Abraham Lincoln)

때로는 침묵이 가장 지혜로운 선택일 수 있어요.

괜히 말해서 어리석음을 드러내기보단, 조용히 지켜보는 용기가 더 현명하답니다.

一	言	半	句
한 일	말씀 언	반 반	글귀 구

이럴 때 이렇게 표현하기

→ 선생님은 **일언반구** 없이 조용히 교실을 나가셨어요.

→ 그 친구는 **일언반구**도 하지 않고 묵묵히 도와줬어요.

→ 잘못을 알고도 **일언반구** 변명조차 하지 않으니 더욱 믿음이 갔어요.

일사불란 一絲不亂

한 올의[一] 실도[絲] 엉키지[亂] 아니함[不]

우리가 함께 무언가를 할 때, 가장 멋진 순간은 모두가 각자의 자리를 알고 움직일 때예요. 바로 그런 장면을 '일사불란'이라고 해요.

이 말은 '실 한 가닥조차 흐트러짐이 없다'는 뜻으로, 질서 있고 체계적인 모습을 표현할 때 쓰는 말이랍니다.

예를 들어 학교 축제에서 각자 맡은 역할을 철저히 준비해 멋진 공연을 만들어냈을 때, "진짜 일사불란했어!"라고 말할 수 있어요.

또 운동장에서 치어리딩을 맞춰서 하는 모습이나, 팀 프로젝트에서 서로 잘 협력할 때도 이 표현이 딱이죠.

일사불란은 누군가의 통제 때문이 아니라, 서로를 존중하고 목표를 함께 바라볼 때 자연스럽게 만들어지는 모습이에요. 그래서 더 의미 있고 멋져 보여요.

혼자 빛나는 것보다, 모두가 조화롭게 움직이는 것이 훨씬 더 아름답답니다. 우리도 '일사불란한 팀워크'를 만들어가는 사람이 되어보면 어떨까요?

가장 위대한 성과는 각 구성원이

자신의 역할을 정확히 알고 조화를 이룰 때 나온다.

- 플라톤 (Plato)

각자 맡은 일을 잘 이해하고 조화를 이룰 때, 팀은 최고의 결과를 낼 수 있어요.

혼자보다는 함께할 때 더 큰 힘이 생긴다는 뜻입니다.

一	絲	不	亂
한 일	실 사	아니 불	어지러울 란(난)

이럴 때 이렇게 표현하기

→ 운동장에서 선수들이 **일사불란**하게 움직이니 경기에서 이길 수 있었어요.

→ 선생님이 지시하신 대로 **일사불란**하게 준비해서 행사를 잘 마쳤어요.

→ 친구들과 **일사불란**하게 계획을 세워서 여행을 즐겁게 다녀왔어요.

대의명분 大義名分

크고[大] 올바른[義] 일과[名] 본분[分]

우리가 살아가면서 어떤 일을 해야 할지, 왜 해야 하는지를 고민할 때가 많아요. 그럴 때 중요한 기준이 되어주는 것이 바로 '대의명분'이에요.

대의명분이란, 말 그대로 '크고 바른 뜻과 이름'이라는 뜻이에요. 쉽게 말하면, 모두가 공감할 수 있는 정의롭고 정당한 이유, 그리고 그 일을 해야 하는 당위성을 말하는 거랍니다.

예를 들어 친구 사이에 잘못을 바로잡으려고 할 때, 단순한 감정이 아니라 모두를 위한 정의를 생각하며 행동한다면, 그것이 바로 대의명분이 있는 행동이에요.

또, 역사 속 인물들이 나라와 백성을 위해 목숨을 걸고 싸운 이유도 자신만의 이익이 아니라 대의명분을 지키기 위해서였지요.

청소년 시기에는 옳고 그름에 민감하면서도 때로는 감정에 흔들릴 수 있어요.

무엇이 진정 옳은 일인지 고민하고, 나 자신뿐 아니라 공동체를 위한 마음으로 행동할 때, 우리는 조금 더 멋진 어른이 되어가고 있는 거예요.

옳은 일을 한다는 것은, 그 자체로 명예이며,

사람은 자신보다 더 큰 가치와 연결될 때 진정한 의미를 느낀다.

- 빅터 위고 (Victor Hugo)

옳은 선택만으로도 사람은 떳떳한 명예를 얻을 수 있어요.

더 큰 가치와 연결될 때 삶의 참된 의미를 느낄 수 있어요.

大	義	名	分
큰 대	옳을 의	이름 명	나눌 분

이럴 때 이렇게 표현하기

→ 친구의 잘못을 말린 건, 모두를 위한 **대의명분**이 있었기 때문이야.

→ 그는 자신의 이익보다 **대의명분**을 우선으로 생각했어.

→ **대의명분**이 없는 싸움은 결국 누군가를 다치게 할 뿐이야.

전대미문 前代未聞

이전[前] 시대에[代] 들어본[聞] 적이 없다[未]

전대미문은 '지금까지 한 번도 들어본 적이 없는 일'이라는 뜻이에요. 한자로 풀면, '이전(前代)에 들어본(聞) 적이 없다(未)'는 의미지요. 상상도 못 했던 사건이나 너무 놀라운 일이 일어났을 때 쓰는 표현이에요.

예를 들어, 뉴스에서 아주 특별한 사건이 보도될 때, 기자들도 "전대미문의 사건"이라고 표현하기도 하죠.

하지만 이 말은 단순히 놀랍다는 뜻만은 아니에요. 때로는 충격적이고 예상치 못한 일, 때로는 감탄이 나올 만큼 새로운 일을 설명할 때도 써요.

청소년 여러분도 때로는 어른들이 놀랄 만큼 전대미문의 성장을 보여줄 수 있어요. 그동안 보지 못했던 나의 새로운 모습, 나만의 색깔을 드러낼 때, 세상은 주목하게 된답니다.

그러니 지금 나만의 특별함을 키워가 보세요. 언젠가 누군가가 "이건 정말 전대미문이야!"라고 말하게 될지 몰라요.

어떤 일이 전대미문으로 여겨진다면,

그것은 단지 아직 이해되지 않았기 때문이다.

진정한 혁신은 늘 놀라움과 불확실성 속에서 태어난다.

- 스티브 잡스 (Steve Jobs)

전대미문이라고 느껴지는 건 아직 사람들이 그 일을 잘 몰라서 그래요.

진짜 새로운 변화는 놀라움과 모르는 상황 속에서 시작된다는 뜻이에요.

前	代	未	聞
앞 전	대신 대	아닐 미	들을 문

이럴 때 이렇게 표현하기

→ 그 친구가 갑자기 노래 대회에서 우승하다니, 정말 **전대미문**이야!

→ 학교에서 **전대미문**인 일이 벌어져 모두가 깜짝 놀랐어.

→ 이번 시험에서 **전대미문**으로 만점을 받은 학생이 나왔대!

죽마고우 竹馬故友

대나무[竹] 말을[馬] 타고 놀던 옛[故] 친구[友]

죽마고우는 '어릴 적부터 함께 자란 오래된 친구'를 뜻하는 말이에요.

'죽마'는 대나무로 만든 말, 즉 어린아이들이 타고 놀던 장난감 말이고, '고우'는 옛 친구라는 뜻이랍니다. 그래서 죽마고우는 어릴 때부터 함께 놀며 자란 친구를 가리켜요.

이 말은 서로를 가장 잘 알고, 오랜 시간 우정을 지켜온 사이를 표현할 때 쓰여요.

예를 들어, 초등학교 때부터 함께 공부하고, 웃고, 때로는 싸우기도 했던 친구를 죽마고우라고 부를 수 있지요.

죽마고우는 단순한 친구 이상의 의미를 가져요. 힘들 때 곁에 있어 주고, 기쁠 때 함께 웃어 주는 진짜 인생의 동반자라는 뜻이 담겨 있답니다.

청소년 여러분도 지금 곁에 있는 친구 중에 죽마고우가 있나요? 그 친구와 함께 보내는 시간이 앞으로도 소중한 추억이 될 거예요.

죽마고우와의 우정은 시간이 지나도 변치 않는 보물이랍니다.

어릴 때부터 함께한 친구는

인생의 기쁨과 슬픔을 함께 나눈 동반자이다.

그들의 존재는 우리 삶에 빛과 힘을 준다.

– 아리스토텔레스 (Aristotle)

어릴 적 친구는 기쁨과 슬픔을 함께 나누는 소중한 동반자예요.

그 친구가 있어 우리 삶은 더 밝고 힘이 납니다.

竹	馬	故	友
대나무 죽	말 마	예 고	벗 우

이럴 때 이렇게 표현하기

→ **죽마고우**와 함께라면 어떤 어려움도 이겨낼 수 있어요.

→ 우리 **죽마고우**는 서로의 비밀도 잘 알고 있어요.

→ 졸업 후에도 **죽마고우**와의 우정은 계속 이어질 거예요.

비몽사몽 非夢似夢

꿈은[夢] 아니지만[非] 꿈과[夢] 같은[似] 상태

비몽사몽은 '꿈같기도 하고 꿈같지 않기도 한 상태'를 뜻하는 말이에요. 쉽게 말해, 잠에서 깨어나기 직전이나 아주 피곤할 때, 현실과 꿈이 뒤섞여 혼란스러운 느낌을 표현할 때 쓰입니다.

예를 들어, 아침에 눈을 뜨고 나서도 아직 잠에서 완전히 깨지 못해 주변이 몽롱하게 느껴질 때가 있죠? 그 순간이 바로 비몽사몽 상태랍니다.

또는 예를 들어, 갑자기 좋은 소식을 듣거나 믿기 힘든 일이 생겼을 때 '이게 꿈인가, 현실인가?' 하는 느낌을 표현할 때 쓸 수 있지요.

청소년 여러분도 가끔 비몽사몽 상태를 경험할 텐데, 그럴 때는 몸과 마음이 휴식을 필요로 한다는 신호일 수 있답니다.

우리의 일상에서 아주 자연스럽고 누구나 겪는 순간이니 너무 걱정하지 않아도 돼요.

오히려 그런 순간을 통해 더 선명한 현실을 마주하게 된답니다.

세상은 우리가 눈을 뜨고 바라보는 것만으로 완전하지 않다.

때로는 혼란과 어둠 속에서 진실을 더 깊이 이해하게 된다.

- 헤르만 헤세 (Hermann Hesse)

세상은 눈에 보이는 것만으로 다 알 수 없어요.

헷갈리고 혼란스러운 순간이 오히려 진짜 중요한 걸 깨닫게 해 줄 때도 있답니다.

非	夢	似	夢
아닐 비	꿈 몽	같을 사	꿈 몽

이럴 때 이렇게 표현하기

→ 아침에 알람을 끄고 다시 누웠는데, **비몽사몽** 상태로 지각할 뻔했어요.

→ 꿈인지 현실인지 모를 만큼 **비몽사몽**한 하루였어요.

→ 너무 피곤해서 수업 시간에 **비몽사몽**하게 앉아 있었어요.

천군만마 千軍萬馬

천 명의[千] 군사와[軍] 만 마리의[萬] 말[馬]

천군만마는 '천 명의 군사와 만 마리의 말'이라는 뜻이에요. 즉, 아주 강력한 지원군이나 압도적인 세력을 말할 때 쓰는 말이지요.

혼자 힘으로는 어려운 일을 누군가 도와줄 때, 또는 아주 강력한 아군이 있다는 느낌이 들 때 사용할 수 있어요.

예를 들어, 어려운 발표를 앞두고 친구들이 응원을 해주거나, 팀 프로젝트에서 서로 힘을 합쳐 도와줄 때 "천군만마를 얻은 기분"이라고 표현할 수 있어요.

단순히 숫자가 많은 것을 뜻하는 게 아니라, 나에게 큰 힘이 되는 존재들이 함께 있을 때 쓰는 말이에요.

청소년 시기에는 혼자 감당하기 어려운 일들이 종종 생기죠. 그럴 때 누군가 옆에서 함께해 준다면, 우리는 훨씬 더 큰 용기를 낼 수 있어요.

'천군만마'는 바로 그런 순간, 나 혼자가 아니라는 믿음과 든든함을 표현하는 말이랍니다.

천군만마 千軍萬馬

좋은 사람 하나가 인생을 바꾼다.

그리고 그 한 사람이 열 명의 군사보다 낫다.

- 윌리엄 셰익스피어 (William Shakespeare)

좋은 친구 한 명만 있어도 큰 힘이 돼요.

그 한 사람이 곁에 있으면 뭐든 해낼 수 있어요.

千	軍	萬	馬
일천 천	군사 군	일만 만	말 마

이럴 때 이렇게 표현하기

→ 시험 공부할 때 친구들의 응원이 **천군만마**처럼 느껴졌어요.

→ 어려운 문제도 가족의 도움이 있으면 **천군만마**가 된 기분이에요.

→ 운동회 때 모두가 응원해 주어서 **천군만마**처럼 힘이 났어요.

동고동락 同苦同樂

같은[同] 고통[苦] 같은[同] 즐거움[樂]

동고동락이라는 말은 '같은 고통을 함께 겪고, 같은 즐거움도 함께 나눈다'는 뜻이에요.

쉽게 말해, 힘들고 어려운 순간도 혼자가 아니라 친구나 가족과 같이 견뎌내고, 좋은 일이 있을 때도 혼자만 즐기지 않고 함께 기뻐하는 마음을 뜻한답니다.

예를 들어, 시험공부가 너무 힘들 때 친구와 서로 응원하며 버티는 순간이나, 운동 경기에서 함께 땀 흘리고 응원하는 장면이 바로 동고동락을 실천하는 거예요. 또, 좋은 결과가 나왔을 때 기쁨을 함께 나누면 그 행복은 배가 되죠.

이 말은 친구와 가족 사이의 깊은 믿음과 연대를 보여주는 말이기도 해요.

힘든 시간을 함께 보내고, 기쁜 순간도 같이 나누는 사람들과 함께라면 인생이 훨씬 더 따뜻하고 행복해진답니다.

청소년 여러분도 앞으로 힘든 일이 있거나 기쁜 일이 있을 때, 꼭 가까운 사람들과 그 마음을 나누길 바라요.

진정한 우정은 고난을 함께 나누고, 기쁨을 두 배로 만드는 것이다.

친구란 혼자가 아니라 '함께'라는 힘을 선물하는 존재이다.

– 헬렌 켈러 (Helen Keller)

진짜 친구는 힘들 때 함께 버티고, 기쁠 때 그 행복을 더 크게 만들어 줘요.

혼자가 아니라 '함께'여서 우리는 더 강해지고 행복해진답니다.

同	苦	同	樂
한가지 동	쓸 고	한가지 동	즐거울 락

이럴 때 이렇게 표현하기

→ 우리는 힘든 공부도 함께하며 **동고동락**하는 친구예요.

→ 운동회에서 서로 응원하며 **동고동락**의 의미를 느꼈어요.

→ 가족과 함께 어려움을 이겨내는 순간, 진짜 **동고동락**을 경험했어요.

권모술수 權謀術數

권세를[權] 꾀하기[謀] 위한 꾀나[術] 셈[數]

103

권모술수는 겉보기에 똑똑해 보이지만, 사실은 자신만을 위해 남을 속이거나 교묘한 방법으로 문제를 풀려는 태도를 말해요.

말 그대로 '권세와 꾀, 기술과 방법'을 다 동원하는 건데, 이게 꼭 좋은 뜻은 아니랍니다.

학교생활이나 친구 관계에서도 권모술수는 가끔 보일 수 있어요.

예를 들면, 친구를 일부러 곤란하게 만들고 자신만 좋은 평가를 받으려는 행동이죠. 순간은 이익처럼 보여도, 결국 신뢰를 잃고 혼자 남게 돼요.

청소년 시기에는 '어떻게 하면 눈치 있게 잘 살아갈까?'보다 '어떻게 하면 진심을 지키며 살아갈까?'를 고민하는 게 더 멋진 일이에요.

똑똑한 사람이 진짜 멋진 게 아니라, 정직하면서도 현명하게 행동하는 사람이 진짜 멋진 사람이라는 걸 잊지 마세요.

사람들은 때로 교활한 자를 똑똑하다고 착각하지만,

결국 현명한 자는 신뢰를 쌓고 어리석은 자는 불신을 남긴다.

- 프랜시스 베이컨 (Francis Bacon)

교활함은 순간의 이득을 줄 수 있지만, 결국 사람의 마음을 얻지는 못해요.

진짜 똑똑한 사람은 신뢰를 남기고, 어리석은 사람은 불신만 남긴답니다.

權	謀	術	數
권세 권	꾀할 모	꾀 술	셀 수

이럴 때 이렇게 표현하기

→ 시험에서 친구를 이기기 위해 거짓 정보를 흘리는 건, **권모술수**일 뿐이야.

→ 진심이 아닌 **권모술수**로 얻은 인기라면 오래가지 못해.

→ **권모술수**로 문제를 피하기보다는 정직하게 해결하는 게 멋져.

근묵자흑 近墨者黑

먹을[墨] 가까이[近] 하는 자는[者] 검어진다[黑]

근묵자흑이라는 말이 있어요. '먹을 가까이 하면 검어진다'는 뜻이죠. 쉽게 말하면, 어떤 사람과 함께하느냐에 따라 나의 생각과 행동도 달라질 수 있다는 말이에요.

좋은 친구와 함께하면 나도 자연스럽게 좋은 영향을 받고, 부정적인 친구와 어울리면 나도 모르게 나쁜 습관이 생기기도 해요.

청소년 시기는 아직 정체성이 만들어지는 과정이라 주변의 영향이 아주 커요. 그래서 어떤 사람과 시간을 보내는지가 정말 중요해요. 말투, 태도, 꿈을 향한 자세까지도 친구를 닮아가게 되거든요.

물론 친구를 가려 사귀라는 말이 아니에요. 다만, 내 삶에 긍정적인 영향을 주는 사람과 더 많이 어울리자는 뜻이에요.

'근묵자흑'이라는 말은 단지 조심하라는 뜻이 아니라, 더 나은 나를 만들 수 있는 선택을 하라는 따뜻한 조언이랍니다.

좋은 친구를 사귀는 것은 꽃을 심는 것과 같다.

시간이 지나면 그 꽃은 당신의 삶을 아름답게 물들인다.

- 라빈드라나트 타고르 (Rabindranath Tagore)

좋은 친구를 만나는 것은 마치 예쁜 꽃씨를 심는 것과 같아요.

시간이 지나면서 그 친구들은 우리 삶을 밝고 행복하게 만들어 준답니다.

近	墨	者	黑
가까울 근	먹 묵	놈 자	검을 흑

이럴 때 이렇게 표현하기

→ **근묵자흑**이라 했듯, 좋은 친구를 만나면 나도 자연스럽게 바른 길로 가게 돼요.

→ **근묵자흑**처럼 나쁜 친구들과 어울리면 나도 모르게 나쁜 영향을 받기 쉽습니다.

→ 우리 주변 사람에 따라 달라지는 게 **근묵자흑**의 뜻이죠. 좋은 사람과 함께하세요!

온고지신 溫故知新

옛것을[故] 익히고[溫] 새것을[新] 앎[知]

　온고지신은 '옛것을 되새기고 새로운 것을 안다'는 뜻이에요. 처음 들으면 좀 어려워 보일 수도 있지만, 사실 우리 일상 속에서 자주 경험하는 말이랍니다.

　예를 들어, 수학 문제를 풀다가 예전에 배운 공식을 떠올려 새 문제를 해결할 때, 그게 바로 온고지신이에요.

　과거의 지식을 그냥 지나치지 않고 다시 살펴보면, 그 안에서 새로운 깨달음을 얻을 수 있어요. 역사 공부도 마찬가지예요. 과거의 사건을 통해 현재를 이해하고, 더 나은 미래를 만들어갈 수 있으니까요.

　이 사자성어는 단순히 옛날 것을 외우자는 말이 아니에요. 지금 내가 겪고 있는 일에도 예전의 경험이 도움이 된다는 걸 말해주는 거랍니다.

　여러분도 공부할 때나 친구 관계에서 어려움을 겪을 때, 예전에 어떤 선택을 했고 어떤 결과가 있었는지를 떠올려 보세요. 분명 새로운 해답이 떠오를 거예요.

역사를 연구하는 이유는

과거에 살기 위해서가 아니라, 미래를 더 잘 살기 위해서다.

- 미하이 칙센트미하이 (Mihaly Csikszentmihalyi)

역사는 과거를 기억하기 위한 것이 아니라, 더 나은 미래를 준비하기 위한 거예요.
과거의 지혜를 배워야 오늘을 제대로 살고, 내일을 더 잘 그릴 수 있답니다.

溫	故	知	新
따뜻할 온	예 고	알 지	새 신

이럴 때 이렇게 표현하기

→ 역사 수업을 듣고 나니, 왜 **온고지신**이 중요한지 알겠어요.

→ 옛날 일기를 읽어보며 지금의 나를 돌아보는 건 **온고지신**의 좋은 실천이에요.

→ 전통 악기를 배우면서 새로운 음악 감각을 깨닫는 건 **온고지신**의 경험이었어요.

타산지석 他山之石

다른[他] 산의[山][之] 돌[石]

타산지석이란 말은 '다른 산의 돌이라도 자신의 옥을 가는 데 도움이 된다'는 뜻이에요. 쉽게 말하면, 다른 사람의 실수나 부족한 점에서도 우리가 배울 점이 있다는 뜻이지요.

예를 들어 친구가 시험공부를 미루다 낮은 점수를 받는 걸 보았다면, 그 친구를 비웃기보다 "나도 저렇게 되지 않도록 해야겠다"는 교훈을 얻을 수 있어요.

또 팀 프로젝트에서 누군가의 준비 부족으로 문제가 생겼다면, 그 경험을 통해 나 스스로 더 철저히 준비하는 계기로 삼을 수 있답니다.

이처럼 타산지석은 누군가의 실수나 단점이 나에게는 발전의 기회가 될 수 있다는 지혜를 담고 있어요. 중요한 건, 남을 판단하거나 흉보는 것이 아니라, 그 안에서 배울 점을 찾는 태도예요.

청소년 시기는 시행착오가 많은 시기입니다. 주변 사람들의 경험 속에서도 내가 성장할 수 있는 지혜를 배워보세요. 그것이 바로 현명하게 살아가는 첫걸음이랍니다.

경험은 훌륭한 스승이지만, 그 수업료는 너무 비싸다.

그래서 남의 경험을 빌려 배우는 것이 지혜다.

- 조슈아 레이놀즈 (Joshua Reynolds)

경험은 값진 배움의 기회지만, 직접 겪으면 큰 대가를 치를 수 있답니다.

그래서 남의 경험을 통해 미리 배우는 것이 현명한 선택이에요.

他	山	之	石
다를 타	메 산	갈 지	돌 석

이럴 때 이렇게 표현하기

→ 친구의 실수를 보고 나도 조심해야겠다고 생각한 건 정말 **타산지석**이야.

→ 다른 사람의 실패를 통해 교훈을 얻는 것이 바로 **타산지석**의 정신이지요.

→ 선생님의 조언을 귀담아듣고 고친 내 행동이 **타산지석** 덕분이었어요.

괄목상대 刮目相對

눈을[目] 비비고[刮] 서로[相] 마주함[對]

107

괄목상대는 '눈을 비비고 다시 본다'는 뜻입니다. 즉, 이전과 달리 크게 발전하거나 달라진 모습을 보고 놀란다는 의미예요.

예를 들어, 오랫동안 못 본 친구가 훨씬 성숙하고 똑똑해졌다면 "괄목상대할 만큼 달라졌네!"라고 말할 수 있습니다.

괄목상대는 타인의 발전을 인정하고 칭찬하는 마음을 담고 있답니다.

우리도 누군가의 변화를 존중하며 응원할 때 이 말을 떠올리면 좋겠어요.

특히 청소년기에는 자신과 친구들이 많이 성장하는 시기라서 더 의미 있는 표현입니다. 남의 성장을 보며 자극받고, 나도 노력하는 힘을 얻을 수 있기 때문이에요.

괄목상대는 단순한 칭찬을 넘어, 성장과 변화를 긍정하는 태도를 알려줍니다. 그래서 우리 모두 성장하는 모습을 보고 눈을 비비며 다시 봐 줄 수 있으면 좋겠습니다.

사람의 가치는 과거의 모습이 아니라,

지금의 성장과 앞으로 나아갈 가능성에 의해 결정된다.

– 존 우든(John Wooden)

사람은 과거에 머무르지 않고 지금 노력하며 성장하는 모습이 중요합니다.
앞으로 더 나아갈 가능성을 믿고 스스로를 긍정하는 마음을 가져야 합니다.

刮	目	相	對
깎을 괄	눈 목	서로 상	대할 대

이럴 때 이렇게 표현하기

→ 친구가 공부를 많이 해서 이번 시험에서 **괄목상대**할 만큼 성적이 올랐다.

→ 오랜만에 만난 동생이 키가 훌쩍 커서 **괄목상대**할 정도였다.

→ 선생님이 학생들의 변화를 보고 **괄목상대**하며 칭찬하셨다.

절치부심 切齒腐心

이를[齒] 갈면서[切] 속을[心] 썩인다[腐]

절치부심이란 '이를 악물고 마음속 깊이 새긴다'는 뜻이에요.

어떤 일에 실패하거나 분한 일을 겪었을 때, 그 아픔을 잊지 않고 마음속에 깊이 간직하며 더 나은 결과를 위해 노력할 때 쓰는 말입니다.

청소년 시기에는 시험에 떨어지거나, 운동 시합에서 지거나, 친구 사이에서 억울한 일을 겪는 일이 종종 있어요.

그럴 때 "이걸 절대 잊지 말자", "다음엔 꼭 이기자"고 마음속으로 다짐한 적 있지 않나요? 그 순간이 바로 절치부심의 시작입니다.

절치부심은 미래의 나를 단단하게 만드는 마음가짐이에요.

고통을 딛고 일어서려는 당신의 결심은 누구보다 멋진 성장의 출발점이 될 거예요. 그러니 지금 이 아픔을 피하지 말고, 가슴속에 담아 다시 나아가 보세요.

분노를 잘 다루면

그것은 추진력이 된다.

– 에릭 호퍼 (Eric Hoffer)

분노는 잘 다스리면 목표를 향한 힘이 될 수 있어요.

감정에 휘둘리기보다 성장의 연료로 바꾸는 지혜가 필요해요.

切	齒	腐	心
끊을 절	이 치	썩을 부	마음 심

이럴 때 이렇게 표현하기

→ 지난 대회에서 아깝게 떨어진 그는 **절치부심** 끝에 결국 1등을 차지했다.

→ 실패 후 **절치부심**하며 연습한 그녀는 놀라운 실력으로 모두를 놀라게 했다.

→ **절치부심**의 시간은 고통스럽지만, 그만큼 더 단단해지는 법이다.

발본색원 拔本塞源

뿌리를[本] 뽑아[拔] 근원을[源] 막다[塞]

발본색원은 '뿌리부터 뽑고 근원까지 막는다'는 뜻이에요. 쉽게 말해, 문제를 근본부터 해결하려는 노력을 의미합니다.

예를 들어, 학교에서 반복되는 문제 행동을 단순히 벌주기만 하는 것이 아니라, 왜 그런 행동이 나오는지 이유를 찾아서 고치는 경우에 쓸 수 있습니다.

이 사자성어는 어떤 문제가 계속해서 반복되거나 큰 피해를 주는 상황에서, 근본 원인을 찾아서 완전히 없애야 할 때 사용합니다.

단순히 겉으로 드러난 부분만 고치면 다시 문제가 생길 수 있기 때문입니다.

청소년 여러분도 공부나 친구 관계에서 어려움을 겪을 때, 겉으로 드러난 문제만 보지 말고 그 원인이 무엇인지 깊이 생각해보는 습관을 들이면 좋아요.

눈앞의 불편함만 급하게 덮기보다는, 진짜 이유를 살펴보고 제대로 고치는 지혜가 필요하답니다.

진정한 변화는 겉모습이 아니라

근본부터 시작되어야 한다.

- 윌리엄 제임스 (William James)

진정한 변화는 겉이 아니라 마음과 생각 깊은 곳에서부터 시작돼야 해요.

근본을 바꾸면 삶도 자연스럽게 달라진답니다.

拔	本	塞	源
뺄 발	근본 본	막을 색	근원 원

이럴 때 이렇게 표현하기

→ 문제를 해결하려면 먼저 원인을 **발본색원**해야 합니다.

→ 환경 문제도 원인을 제대로 찾아 **발본색원**해야 지구를 지킬 수 있습니다.

→ 학교 폭력 문제도 근본 원인을 찾아서 **발본색원**해야 사라질 수 있습니다.

자화자찬 自畵自讚

자기가[自] 그린 그림을[畵] 자기가[自] 칭찬한다[讚]

자화자찬은 '스스로 그린 그림을 스스로 칭찬한다'는 뜻이에요. 쉽게 말해, 자기 자신이나 자신의 행동을 스스로 자랑하거나 칭찬하는 것을 뜻합니다.

청소년 여러분도 자신감이 넘치는 모습은 좋지만, 때로는 자화자찬이 지나치면 주변 사람들이 불편해질 수 있어요. 자신을 긍정하는 것은 중요하지만, 겸손함도 함께 가져야 진정한 멋진 사람이 될 수 있답니다.

친구들과 어울릴 때는 서로의 장점을 인정하고 존중하는 태도가 더욱 소중해요.

때로는 자신의 성과를 자랑하고 싶을 때도 있지만, 그럴 때는 겸손한 마음으로 조심스럽게 표현하는 것이 좋아요.

자화자찬은 적당하면 자신감을 키우는 힘이 되지만, 너무 많으면 오히려 외로움을 불러올 수 있답니다. 스스로를 사랑하면서도 다른 사람도 배려하는 마음을 잊지 않는다면, 진정한 성장과 우정이 찾아올 거예요.

겸손은 다른 이들이 당신을 칭찬하게 하고,

자만은 당신이 스스로를 칭찬하게 만든다.

– 존 플래벌 (John Flavel)

겸손한 사람은 굳이 말하지 않아도 자연스럽게 인정받지만, 자만한 사람은 말이 많아도 신뢰를 잃기 쉬워요. 진짜 멋진 사람은 조용히 행동으로 보여주는 사람이랍니다.

自	畵	自	讚
스스로 자	그림 화	스스로 자	기릴 찬

이럴 때 이렇게 표현하기

→ 발표 끝나자마자 "내가 진짜 최고였지?" 하며 **자화자찬**하는 모습이 좀 민망했어요.

→ 친구들이랑 같이 한 프로젝트인데 혼자만 잘했다고 **자화자찬**하니까 좀 서운했어요.

→ 아직 결과도 안 나왔는데 먼저 **자화자찬**하는 건 너무 성급한 것 같아요.

난상토론 爛商討論

문드러지도록[爛] 상의하고[商] 논의함[討][論]

111

'난상토론'이란 한 가지 주제를 두고 다양한 사람들이 자유롭게 의견을 나누며 깊이 있게 토론하는 것을 말해요.

여러 사람이 각자의 관점과 생각을 마음껏 펼치며 이야기하다 보면, 처음에는 복잡해 보이던 주제도 점점 명확해지고 새로운 아이디어가 떠오르기도 해요.

학교에서 조별 토론을 할 때, 서로 다른 생각들이 엇갈려서 시끄럽게 느껴질 수 있어요. 하지만 이 과정이 바로 난상토론이에요.

누군가의 말에 다른 친구가 "그건 이런 면도 있지 않을까?"라고 의견을 덧붙이고, 또 다른 친구가 그걸 보완해주면, 하나의 생각이 여러 갈래로 자라나게 되는 거죠.

난상토론은 똑같은 생각을 강요하는 게 아니라, 서로의 다른 생각을 통해 더 나은 결론에 이르게 해주는 과정이에요.

그러니 누군가 내 의견과 다르다고 해도 기분 나빠하지 말고, "왜 그렇게 생각했는지"를 듣고 나의 시야를 넓히는 기회로 삼아보세요.

진정한 토론은 상대를 이기는 것이 아니라,

함께 진실에 다가가는 것이다.

- 칼 포퍼 (Karl Popper)

진짜 토론은 이기는 게 아니라, 함께 진실을 찾아가는 거예요.

서로 이해하려는 마음이 더 중요한 힘이랍니다.

爛	商	討	論
문드러질 란	헤아릴 상	칠 토	의논할 론(논)

이럴 때 이렇게 표현하기

→ 우리 반 친구들과 **난상토론**을 하면서 서로 다른 생각을 이해할 수 있었어요.

→ 중요한 문제일수록 **난상토론**을 통해 다양한 의견을 모아 해결책을 찾는 게 좋아요.

→ **난상토론** 덕분에 친구들의 생각이 바뀌고 나도 더 넓은 시야를 가지게 되었어요.

탁상공론 卓上空論

탁자[卓] 위에[上] 떠도는 헛된[空] 논의[論]

112

탁상공론은 '탁자 위에서 하는 허황된 이야기'라는 뜻이에요. 쉽게 말해, 실제로 해보지 않고 머리로만 생각하거나 말하는 이론이나 의견을 가리킨답니다.

즉, 현실과는 동떨어져서 실천하기 어려운 이야기일 때 흔히 탁상공론이라고 표현해요.

청소년 여러분도 학교에서 친구들과 아이디어를 나누다가 현실을 고려하지 않고 이상적인 이야기만 할 때, '탁상공론'이라는 말을 떠올릴 수 있어요.

이런 상황에서는 멋있어 보이지만 실행이 어려운 말만 하게 되어 결국 도움이 되지 않을 수 있답니다.

'탁상공론'은 겉보기에는 좋아 보이지만, 실제 문제를 해결하지 못하는 말을 조심하라는 뜻이기도 합니다.

그러니 꿈을 꾸는 것도 중요하지만, 현실적인 계획과 행동도 꼭 필요하다는 점을 기억하는 게 좋습니다. 이런 마음가짐이 여러분이 더 현명하게 생각하고 행동하는 데 큰 도움이 될 거예요.

계획만 하고 실행하지 않는다면 그것은 무의미하다.

성공은 행동하는 자의 몫이다.

– 피터 드러커 (Peter Drucker)

계획만 세우고 행동하지 않으면 아무런 결과도 얻을 수 없어요.

진짜 성공은 용기 내어 한 걸음씩 실행하는 사람에게 찾아옵니다.

卓	上	空	論
높을 탁	위 상	빌 공	의논할 론(논)

이럴 때 이렇게 표현하기

→ 회의에서 말만 하고 행동하지 않아 **탁상공론**이 됐다.

→ 계획만 세우고 실행하지 않으면 **탁상공론**에 그친다.

→ 말만 하지 말고 행동해야 **탁상공론**을 벗어난다.

언행일치 言行一致

말과[言] 행동이[行] 하나로[一] 이른다[致]

113

언행일치는 '말과 행동이 하나로 일치한다'는 뜻이에요. 다시 말해, 한 사람이 한 말이 실제 행동으로도 드러나야 진짜 신뢰를 얻을 수 있다는 의미랍니다. 멋진 말을 하면서도 정작 그렇게 살지 않는다면, 주변 사람들은 그 말을 믿지 않게 되지요.

청소년 시기에는 꿈도 많고 하고 싶은 말도 많을 거예요. 하지만 그 말에 무게를 실어주는 건 결국 '행동'이랍니다. "나는 열심히 공부할 거야"라고 말만 하고 실천하지 않으면, 그 말은 그냥 공허한 외침이 되고 말아요.

반대로, 조용히 묵묵히 노력하는 사람은 굳이 많은 말을 하지 않아도 주변의 존경을 받게 되지요.

우리가 살아가면서 꼭 지켜야 할 것은, 자신이 한 말을 행동으로 보여주는 힘이에요.

언행이 일치하는 사람은 친구에게도, 선생님에게도, 나중에 사회에서도 믿음직한 사람으로 여겨질 거예요.

진심 어린 말과 행동이 함께 갈 때, 그 사람은 더 빛날 수 있답니다.

말한 대로 살지 않으면,

결국 사는 대로 말하게 된다.

– 생텍쥐페리 (Antoine de Saint-Exupéry)

말한 대로 살지 않으면, 결국 삶이 말보다 앞서게 돼요.

진짜 신뢰는 말이 아닌 행동에서 비롯된답니다.

言	行	一	致
말씀 언	갈 행	한 일	이룰 치

이럴 때 이렇게 표현하기

→ 그는 말보다 행동이 먼저인 사람이라 진짜 **언행일치**의 본보기예요.

→ 리더는 **언행일치**를 실천할 때 더 큰 신뢰를 얻어요.

→ **언행일치**가 안 되면, 아무리 좋은 말도 공허하게 들릴 수 있어요.

고진감래 苦盡甘來

쓴 것이[苦] 다하면[盡] 단 것이[甘] 온다[來]

살다 보면 힘들고 지치는 순간들이 찾아오곤 해요. 시험공부가 벅차게 느껴지고, 친구와의 갈등이나 미래에 대한 걱정도 마음을 무겁게 하죠.

하지만 이런 고비를 넘기고 나면 반드시 달콤한 보상이 찾아온답니다. 이것이 바로 '고진감래'예요. 고생이 다하면, 즐거움이 온다는 뜻이에요.

예를 들어, 열심히 노력한 끝에 좋은 성적을 받았을 때, 또는 꾸준히 연습한 결과 무대에서 멋지게 공연했을 때, 우리는 그 달콤한 기쁨을 온몸으로 느끼게 되죠.

고진감래는 실패나 고통을 무조건 참으라는 말이 아니라, 그것을 딛고 앞으로 나아갈 수 있다는 믿음을 주는 말이에요.

청소년기에 만나는 어려움들은 모두 인생을 단단하게 만드는 재료랍니다.

그러니 지금 겪는 고생이 언젠가 반드시 큰 기쁨으로 돌아올 거라는 믿음을 가지고 한 걸음씩 나아가 보세요.

고난을 겪지 않고는 인생의 진정한 아름다움을 깨닫기 어렵다.

쓰라린 경험이 있어야만 진정한 행복을 느낄 수 있다.

- 셰익스피어 (William Shakespeare)

고난은 우리를 강하게 만들고, 인생의 소중함을 알게 해 줘요.

어려운 경험 덕분에 진짜 행복을 더 깊이 느낄 수 있답니다.

苦	盡	甘	來
쓸 고	다할 진	달 감	올 래

이럴 때 이렇게 표현하기

→ **고진감래**라서 힘든 시간을 견디면 결국 좋은 결과가 찾아온다고 믿어요.

→ 어려운 훈련을 마치고 나서야 진짜 성취감을 느끼는 것이 **고진감래**의 의미예요.

→ 힘든 시기를 함께 이겨내면서 친구와 더 가까워진 경험이 바로 **고진감래**예요.

십시일반 十匙一飯

열[十] 숟가락씩[匙] 보태면 한 그릇의[一] 밥이[飯] 됨

115

어려운 상황에 처한 친구에게 힘이 되고 싶을 때, 우리는 무엇을 할 수 있을까요? '십시일반'이라는 말은 바로 그런 순간을 떠올리게 해줘요.

'열 사람이 한 숟가락씩 밥을 보태면 한 사람을 도울 수 있다'는 뜻으로, 작은 정성과 도움도 모이면 큰 힘이 된다는 의미예요.

청소년 시기에는 누군가에게 거창한 도움을 주기는 어려울 수 있어요.

하지만 진심 어린 말 한마디, 따뜻한 눈빛, 함께해 주는 마음만으로도 친구에게 큰 위로가 될 수 있답니다.

'십시일반'이 여러분에게 말해요.

"작은 마음도 모이면 누군가를 살릴 수 있어."

모두가 조금씩 나눌 수 있다면, 이 세상은 훨씬 더 따뜻해질 거예요.

그러니 오늘도 내 옆의 누군가가 힘들어 보인다면, 작은 마음 하나를 전해보세요.

누군가를 돕는 것은 거창한 일이 아니다.

당신이 가진 작은 것도 누군가에게는 큰 희망이 된다.

- 오프라 윈프리 (Oprah Winfrey)

도움은 반드시 크고 특별해야 하는 것이 아니에요.

내가 가진 작은 것이라도 진심을 담는다면 누군가에게 큰 위로와 희망이 될 수 있답니다.

十	匙	一	飯
열 십	숟가락 시	한 일	밥 반

이럴 때 이렇게 표현하기

→ 친구의 병원비를 위해 반 친구들이 **십시일반**으로 돈을 모았어요.

→ 어려운 이웃을 돕기 위해 마을 사람들이 **십시일반** 물품을 기부했어요.

→ 학급 행사 준비에 모두가 **십시일반** 도와주니 순식간에 끝났어요.

호가호위 狐假虎威

여우가[狐] 호랑이의[虎] 위세를[威] 빌리다[假]

호가호위란 '여우가 호랑이의 위세를 빌려 다른 동물들을 놀라게 한다'는 뜻이에요.

즉, 실제로는 힘이 없으면서, 힘 있는 사람이나 권력을 등에 업고 으스대거나 다른 사람을 함부로 대할 때 쓰는 말이랍니다.

예를 들어, 부모님이 선생님이라며 친구들에게 잘난 척을 하거나, 학교에서 힘 있는 친구 곁에 붙어서 다른 친구를 괴롭히는 행동은 호가호위라고 할 수 있어요.

이런 행동은 처음엔 멋져 보일지 몰라도, 결국 진짜 친구도 잃고, 자신의 실력을 키울 기회도 놓치게 돼요.

청소년 시기에는 특히 '진짜 나'의 힘을 기르는 게 중요해요.

남의 이름이나 권력을 빌리는 대신, 자신의 태도와 실력으로 인정받는 사람이 되어야 해요. 겉모습이 아니라 내면의 힘으로 빛나는 사람, 그게 진짜 멋진 어른이랍니다.

자기 힘이 아닌 남의 그늘에 기대는 자는,

빛이 꺼질 때 함께 사라진다.

- 라 로슈푸코 (La Rochefoucauld)

남의 힘에만 의지하면 그 사람이 사라질 때 나도 무너지기 쉬워요.

진짜 실력은 내 안에서 키워야 오래 빛날 수 있어요.

狐	假	虎	威
여우 호	거짓 가	범 호	위엄 위

이럴 때 이렇게 표현하기

→ 자신은 아무 힘도 없으면서 친구 덕에 기세등등한 건 **호가호위**예요.

→ 상사의 권위에 기대어 부하직원들을 함부로 대하는 건 **호가호위**한 행동이에요.

→ 권력자 곁에서 목소리만 커진 사람은 결국 **호가호위**일 뿐이에요.

자급자족 自給自足

스스로[自] 공급하고[給] 스스로[自] 충족한다[足]

자급자족은 '스스로 먹고 입고 쓸 것을 해결하며 살아간다'는 뜻이에요. 누군가의 도움 없이, 자기 힘으로 필요한 것을 마련하고 살아가는 삶의 태도를 말한답니다.

예전 농촌에서는 먹을 것을 스스로 키워 먹고, 필요한 물건도 직접 만들어 썼어요. 요즘은 세상이 많이 달라졌지만, 자급자족의 정신은 여전히 중요해요. 예를 들어, 용돈을 아껴 쓰고, 필요한 물건을 직접 만들거나 고쳐 쓰며, 공부 계획을 스스로 세우고 실천하는 것도 자급자족의 한 모습이랍니다.

청소년 시기엔 아직 많은 것을 부모님이나 어른들에게 의지하지만, 조금씩 혼자 해내는 습관을 가지면 진짜 어른이 되는 데 큰 도움이 돼요. 자급자족은 단지 경제적인 자립만이 아니라, 마음의 독립도 함께 키워주는 힘이에요.

누구의 도움 없이도 내가 내 삶을 책임질 수 있다는 믿음, 그것이 자급자족의 시작이에요. 작은 일부터 스스로 해보는 연습, 오늘부터 천천히 해보는 건 어떨까요?

외부의 도움 없이도 스스로를 지탱할 수 있는 사람만이

진정한 의미의 강인함을 가진 사람이다.

- 프리드리히 니체 (Friedrich Nietzsche)

스스로 할 수 있는 힘을 가진 사람만이 어떤 어려움도 잘 이겨낼 수 있어요.

그래서 혼자서도 당당히 서는 연습이 중요하답니다.

自	給	自	足
스스로 자	넉넉할 급	스스로 자	발 족

이럴 때 이렇게 표현하기

→ 혼자서 숙제를 계획하고 끝내는 것은 **자급자족**의 좋은 예예요.

→ 용돈을 아껴 쓰고 필요한 물건을 직접 고치는 것도 **자급자족**한 행동이에요.

→ 친구에게 항상 부탁하지 않고 스스로 해결하려는 태도가 **자급자족**입니다.

사자성어 1

초판 1쇄 펴낸날 2025년 10월 1일
2쇄 펴낸날 2026년 1월 25일

지은이 김한수
펴낸이 이종근
펴낸곳 도서출판 하늘아래

주소 경기도 고양시 일산동구 하늘마을로 57- 9 3층 302호
전화 (031) 976-3531
팩스 (031) 976-3530
이메일 haneulbook@naver.com
등록번호 제300-2006-23호

ISBN 979-11-5997-128-0 (44700)
ISBN 979-11-5997-127-3 (세트)

＊잘못 만들어진 책은 바꾸어 드립니다.
＊이 책의 저작권은 도서출판 하늘아래에 있습니다.
＊하늘아래의 서면 등인 없는 무단 전재 및 복제를 금합니다.